scene

人 生 風 景 · 故 事 現 場

scene 05

男人在世
跨性別者歷經暴力、寬恕與成為男人的真實故事

作　　者　湯馬斯・佩吉・麥克比（Thomas Page McBee）
譯　　者　穆卓芸
執 行 長　陳蕙慧
總 編 輯　曹　慧
主　　編　曹　慧
封面設計　陳文德
行銷企畫　張元慧、尹子麟
社　　長　郭重興
發行人兼出版總監　曾大福
編輯出版　奇光出版／遠足文化事業股份有限公司
E-mail: lumieres@bookrep.com.tw
部落格：http://lumieresino.pixnet.net/blog
粉絲團：https://www.facebook.com/lumierespublishing

發　　行　遠足文化事業股份有限公司
http://www.bookrep.com.tw
23141新北市新店區民權路108-4號8樓
電話：(02) 22181417
客服專線：0800-221029 傳真：(02) 86671065
郵撥帳號：19504465 戶名：遠足文化事業股份有限公司

法律顧問　華洋法律事務所 蘇文生律師
印　　製　呈靖彩藝有限公司
排　　版　極翔企業有限公司
初版一刷　2019年10月
定　　價　320元

歡迎團體訂購，另有優惠，請洽業務部（02）22181417分機1124、1135

國家圖書館出版品預行編目資料

男人在世：跨性別者歷經暴力、寬恕與成為男人的真實故事 / 湯馬斯・佩吉・麥克比(Thomas Page McBee)著；穆卓芸譯. -- 初版. -- 新北市：奇光出版：遠足文化發行, 2019.10
面；　公分
譯自：Man alive : a true story of violence, forgiveness and becoming a man

ISBN 978-986-97264-9-8 (平裝)

1.變性人 2.性別認同 3.美國

544.75　　108014360

線上讀者回函

男人在世

跨性別者歷經暴力、寬恕與成為男人的真實故事

Man Alive

A True Story of Violence, Forgiveness and Becoming a Man

湯馬斯・佩吉・麥克比（Thomas Page McBee）著
穆卓芸 譯

目次

本書為紀實書寫，
但由於仰仗回憶，故也免不了隨回憶而來的虛幻、幽微與曖昧。
這是我親身經歷的真實，書中多處人名做了更動。

這本書獻給你，無論你是誰。

序幕

Prologue

南卡羅來納
二〇一〇年八月，廿九歲

怎樣才算男人？

我不是沒研究過。男人的肌肉、粗話和美麗的汗毛。但直到這年四月某個寒夜我被槍口抵著，我才有辦法說得明白。

真男人、愛家男、大丈夫、男子漢。

鏡裡的男人（man in the mirror）。

我是聽著麥可傑克森這首歌長大的。在我忘記自己有著女孩屁股，哼著歌詞竭力想像自己是誰的年代。

怎樣才算男人？追尋解答的渴望將我帶到了父親的故鄉，潮濕悶熱的南卡羅來納。故事從那裡開始，因為在我受不了這問題每隔幾年就會出現，在我酩酊大醉，孤零零只剩下我、我鏡中的倒影和我飢渴的鬼魂時糾纏不休，卻怎麼也得不到答案的時候，那是我最先想到的地方。於是我將棒球帽壓得老低，帶著屁孩的跩樣、胸前兩道微笑般的傷疤和一副我剛開始愛上的身體，開著租來的車駛向沼熱的南方。

但這故事還有其他開始，在二〇一〇年四月那個差點讓我喪命的晚上、一九八五年我父親變成怪物那天，還有一九九〇年我母親發現他是怪物的時候。

「男人啊，」她當時說道，而我也學會了那樣說，酸的像是嘴裡含著檸檬。在南卡羅來納，我只要打開車窗就會聞到。鱷魚和祕密、謝爾曼[1]大軍的餘燼、三K黨、父親的田、焚燒。聞起來就像我身上原始的恐懼，和我用來遮掩的刺鼻除臭劑。

男人啊，我嘴上還是一樣尖酸，但已經察覺自己的身體在改變。其實這正是我此行的目的。

1 譯註：謝爾曼（William T. Sherman, 1820-1891），美國南北戰爭北軍名將，以火燒亞特蘭大和「向大海進軍」戰略獲得「魔鬼將軍」的稱號而聞名於世。

好男人難尋。

擋風玻璃模糊一片，路暗如墨，大雨傾盆。在我遇到第五輛架了槍的皮卡車後，高速公路旁的廉價汽車旅館似乎不再是個好選擇，但回頭已經晚了。

動者恆動，我的物理學家母親這樣告訴我。

其實這是個鬼故事。不對，是冒險故事。

這是個我如何不再是鬼的冒險故事。

I

僵住

Freeze

1

奧克蘭
二〇一〇年四月，廿九歲

關於帕珂這個女人，你需要知道的是這些：她哼歌像有魔力，會隨著步伐大搖大擺，還有她的鬼靈精怪和罵人不眨眼。雖然南方的禮節讓她收斂不少，但情緒一來還是跟刀子一樣利，而且你很容易就被掃到。我親眼看過她把一個講話騷擾她的傢伙罵成縮頭烏龜，照三餐罵一個白爛室友豬頭賤貨狗屎蛋，不到一個月就讓對方包袱款款不知所終。

那感覺就像愛上龍捲風。

那天晚上她很亢奮，手裡抓著裝了一雙新鞋的塑膠袋耷在肩後。我們在舊金山混了一天，四處遛達，還看了一齣關於三代女人的戲劇，我們不是很喜歡，感覺那種劇永遠在講三代女人。回到奧克蘭，從捷運站走回社區路上，帕珂開始講起她對女人就該相夫教子那一套的不爽。她天馬行空狂酸濫罵，純粹為了好玩。

當時她人生正走到法國新浪潮階段，一頭短髮外加條紋衫的裝扮又恰好適合她，看上去就像高達電影《斷了氣》裡的珍．茜寶，一雙藍眼又大又圓。她數落起人或許毫不留情，但其中懷藏的慈愛卻清楚得令人不忍卒睹。我捏捏她的手，嚇了她一跳，目光直直望著我。

「幹嘛？」她問。

我搖搖頭。六年了，她一眼就懂。

她這人想法一堆，老說：「我對什麼都有意見。」

「鯨魚呢？」我問。

「我愛死牠們了！生態系不能沒有牠們，腦袋很聰明。」

我會絞盡腦汁想出最普通、最無聊的東西。「街屋呢？」

「磚造的悶死人，木造的很可愛。」

帕珂還對這麼晚走路回家很有意見，而且我知道為什麼：我們朋友發現床底下躲了一個男人，她被這闖空門的綁在椅子上，大白天莫名其妙臉上挨了一拳。

那天晚上的霧是最糟的，感覺吸進去就黏住了的那種。我豎起衣領，壓低帽沿，套上連帽衫的帽子。我們走路是因為窮得搭不起小黃，因為沒本錢害怕（對我來說那就是不害怕），但主要是她心情很好，而我說服她走路回家。

我們沿著四十街走，我抬頭挺胸走著，不去管自己心慌慌。如果說我小時候有學到什麼，那就是想怎麼做就要表現出來。

這麼做很蠢，也許吧，但我寧願上戰場也不會承認自己心在慌。

2
匹茲堡
一九九〇年，十歲

「你什麼都可以告訴我，」母親對我說道。她兩眼圓睜，脖子微微泛紅，筆跡潦草輕快，有如飛沫，記下我說的每一個字。一九八五至一九九〇。日期是為了紀錄，她說。

於是我開始說起父親伸來的手指，在泳池，在前往舅舅喪禮的車上，或週日午後她去採買而他讓艾莉和史考特窩在電視前，知道不會有人來救我的時候。艾莉、史考特和我各差兩歲，可是感覺我們三個就像住在三個地方，有著三對爸爸媽媽和彼此分離又毗鄰的童年。

我的童年是巧克力牛奶，是科展和露營，是不讓爸爸的濁熱呼吸沾上我生活其他事物的儀式。我坐在衣櫃裡朝牆壁扔鞋子，有如小鹿在我家後面的林子裡奔馳，挑選一樣小東西，寄望它，死守著它不放。我從他的床罩上跳向明天，感覺足球和我的腳瞬間接觸，隨即飛得又高又遠，射向球網的角落。

對於發生了什麼，我有事實可說，故事卻支離破碎。直到今天，我依然難以描述事情最糟當時那鹹澀的驚恐、僵住與分裂，難以道出我如何失去身體，如何將身體的雙重失去縫合為一。

我生理是女性，這是事實，而我自認為男孩，也說得過去。要到很後來，我身體構造的複雜事實才讓我如坐針氈。日後他們總說我從小就是男的，膝蓋破洞的牛仔褲、太空超人骷髏城堡和短髮全是印記。或許吧，但別以為我早就預知一切。我要說的不是那種故事。

你只要知道：事後我會窩在浴缸裡看書，直到我小小的雙腿、兩手和軀幹回來。那就是活著的滋味：乾乾淨淨泡在圖書館借來的書中，一個我能理解的世界，鼻子裡是濃濃的肥皂味，肌膚觸碰著浴缸的粗糙底部。

只要有《遠大前程》的潮濕紙頁為伴，我就不會寂寞。但我不期望有人能夠理解，當我在皮普那悲慘浪漫的希望裡見到自己的影子時，身體瞬間活過來的那種感覺。雖然皮普失敗了，但我敬佩他不屈服的信念，喜歡他相信著什麼。媽媽曾經叫我皮普，叫了很多年，但我始終不曉得我們是否所見略同。我變性後，她有一回反常喊我「小毛頭」，我才想到或許對她而言，我和皮普的相似處就只是這樣而已。

我沒有告訴媽媽我的浴缸儀式。我有預感說了只會讓她眼裡蒙上一層罪惡感，讓她緊張，關上耳朵。我不希望她跑去調一杯特烈的螺絲起子，在天色將暗時把燈關了。

於是，我任她翻譯我的故事，任她篤定下筆，在筆記本裡留下藍色的字跡。那些筆記被她整整齊齊收在一個檔案夾裡，她說這能保證我們永遠不會餓肚子。我當時不懂她的意思，現在明白我們那時就快破產，而她想將我父親和我們永遠拴在一起。這是她心中的正義，靠著在他眼前揮舞這個故事，換得我們溫飽。然而，最後保住我們性命的不是故事，而是我的沉默。

「實話實說就好，」母親跟我說。但就算當時我也明白大多數人說這句話都不是真心的，所以我沒有跟她說那天客廳發生的事，沒有說我是如何作嘔，他的味道是多麼噁心，而我又是如何用水和肥皂反覆洗嘴，卻怎麼也洗不去他的味道。

我抱著擦傷的膝蓋，凝視窗外我家房子旁邊的樹林，腦袋嗡嗡刺痛著。**十年後就沒事了**，我在心裡向自己保證。十年感覺遙不可及，是我年紀的一倍，但已經足以寄託希望。我感覺一顆心倒懸著，只要目光和母親交會，就驚惶得無法呼吸，感覺她就像個陌生人。房子在她身後似乎傾斜、明亮過了頭。雖然父親會對我伸手，但我的生活裡有詩，有游泳比賽，此刻我卻不曉得自己究竟會失去什麼。

「我恨他，」母親突然冒出一句，將我從恍惚的沉默裡喚了回來。我點點頭，但沒開口，連我自己也交代不出為什麼。

「試著回想第一次的經過，」我聽見她說，語氣公事公辦，彷彿數學考試前抽測我。「你什麼都可以跟我說，」她又講了一次，語氣稍微溫和一些。

我忍不住想起那年夏天拍的流浪狗的相片。鼻子長癬，毛髮糾成一團一團。我感覺這世界充滿美麗殘缺的事物，讓我好想愛上它們全部。

我玩弄鞋帶，和母親四目交會。我感覺胸膛裡蠢蠢欲動，一群飛鳥振翅想要飛走。不管了。

「我那時四歲，」我脫口而出：「在老家。」

感覺就像另一個人在說話。我不曉得如何解釋那伴隨恐懼而來的鎮定，如何解釋事後我會提醒自己比他強大，可以鎮住心裡的暴亂與驚恐，直到它們縮得又硬又小，在我肺腑裡如煙火一般稍縱即逝，直到我在餘燼裡發現一絲美好。

我望著母親臉上痛苦糾結，專心記下父親何時何地如何觸碰我。我感覺自己像提線布偶，木然隔世地看著她抄下我說出的每一句話。我目光緩緩，直到筆畫模糊一片，紙上的一字一句不再屬於我。

3
奧克蘭
二〇一〇年四月，廿九歲

雖然我將汗濕的羊毛棒球帽壓到眉間，Carhartt外套的拉鍊拉到領口緊緊裹住平胸，走路刻意大搖大擺，還壓低嗓子，瓦倫西亞街那家高檔西班牙餐廳的女侍者依然喊我「女士」。她領著我和帕珂走到窗邊的座位，回頭不經意喊了這麼一聲，讓我心底炸開了花。虧我費了好幾小時反芻思索，仔細打點穿著的每個細節，到底哪裡出了差錯？我不奢望她看著我的瓜子臉和纖細身材會說我是男人，但她怎麼可以認為我是「女人」？

帕珂不想再談這個了。這個話題只會讓她煩躁。晚歸本來就讓她心情不悅，加上剛才我們出了捷運站決定不搭臭烘烘的小黃回家，而走那一公里半的路，更讓她心灰意冷。現在的她臉上罩著一層寒霜。

「我討厭這裡，」她開口說道。

「我知道，」我想著那女人愉悅的表情。要是我們住的地方沒這麼多肌肉發達的短髮蕾絲邊，淺淺的法令紋或略大的臀部也不會透露我本非少年郎，那該有多輕鬆啊。

捷運站外，街上悄然無聲，只有停車場鐵籬笆上勾了一只黑塑膠袋被風吹得颯颯響。一名少年踩著滑板咯咯溜過我們面前，讓我寒毛直豎。前方一名大學女孩戴著耳機隻身獨行，對她下手易如反掌。

「妳覺得她會平安無事嗎？」我一邊問，一邊心想自己是不是性別偏見。

「平安得很，跟其他人一樣，」帕珂說道，臉上表情和心裡的想法一樣。

我們總是走四十一街，因為四十街比較危險，雖然開了一家新的焗烤通心粉店和高檔單車行，但破敗的法拍屋更多。

「我們過馬路吧。」

我們走過老舊的路邊商城，一過那家可悲的甜甜圈店就彎進四十一街，單戶平房和新蓋的集合住宅登時映入眼簾。我無法甩去心頭的不安，霧氣從領口硬是鑽進我的法蘭絨襯衫。家家戶戶前院散落著球和園藝器具，三輪車翻倒在地，讓我突然感覺人似乎全跑光了。

我感覺體內有個東西，尖銳的嗡鳴愈來愈響。我還沒看見就聽到了他的聲音：步伐輕盈，快得超乎尋常。

我和帕珂回頭張望，有如面對海嘯的兩隻海鷗。我們四人都在路口。那人剛離開四十街，還有我擔心的那個女孩。他沒戴耳機，沒有背包，只是一個穿著黑色連帽運動衫的黑影，從故障的路燈下走過。電光火石間，我瞥見他的臉，俊俏中帶著一絲瘋狂，接著我就和帕珂過了馬路，繼續沿四十一街走，將他拋在身後。

我告訴自己別當怪人。

我很喜歡帕珂那無意義的昂首闊步，她從大學時期就是這樣走路了。她學會在靴裡藏刀，學會出拳攻擊，為自己的可靠本領自豪，這些全展現在她的步伐裡。

我可以聽見他亦步亦趨隨著她，那步伐讓我渾身不自在：直接、太克制、太快，不該是空蕩蕩街上該有的節奏。左鄰右舍似乎都睡了，電視和狗悄然無聲。我心裡響起微弱的警鈴。快跑，那聲音說。

我不理會。帕珂。我試著專心，這很重要。我愛她勝過她靴裡的刀，愛她在沒有別人看著時的模樣。我真希望那時有說出口。我是想說的，可是

我被推了一把，牙齒互撞，

帕珂轉身看我

兩隻熾熱如鐵的手摁在我肩上，我

飛了出去，我

被放開了。

4

匹茲堡

一九九〇年，十歲

「你爸爸是壞人，」媽媽對著浴室鏡子打量自己說。我坐在衣帽間台階上看著她，浴缸邊闔上的百葉窗奄奄一息透著微光。她有著與眾不同的美：粗短的紫項鍊、吹薄的棕髮和有感染力的咯笑聲。她為自己畫上神祕的妝容、口紅、眼線和髮膠，身旁飄起有毒的迷霧。她是科學家，曾是工作單位裡唯一的女人，在空軍二號上向泰德．甘迺迪簡報結構物理學，在通用電子帶著同事老婆去晚餐，免得她們覺得她在覬覦她們的丈夫。

「他想道歉，」她一邊說著，一邊在眼瞼塗上一抹北卡羅來納夏天日落時的紫色。我感覺自己消失了，思緒飄向翻倒的沙桶、我們捉到當晚餐的螃蟹，還有好幾條捆著黏滑火雞脖子的繩子掛在碼頭邊左搖右晃。

她轉頭看我，我換上漠然的神色。我討厭她關心，討厭自己渴望她關心。

以前她去採買而爸爸找上我時，我常幻想她出了車禍。在她葬禮上，所有人都會溫柔抱著我，任我哭泣。想起這件往事讓我心生愧疚，於是我望著她的眼眸，在她圓潤的雙頰和斯拉夫鼻上看見自己的倒影，但絲質洋裝的皺摺和有著黑色小噴嘴的香奈兒香水瓶裡噴出的霧氣，則沒有絲毫像我。

我心裡只有疑問。像是：那個將身體壓在我身上的冷漠下流的男人，怎麼能同一天晚上就抹去眼裡的空洞，幫我做引擎模型？我們每個人體內真的有兩個人嗎？

我是說，我也是嗎？

媽媽放下梳子，我感覺浴室裡一陣顫動。如果故事由我來說，那她永遠不會哭。「我只是希望你有個正常的童年。」她說著將我摟進懷裡，呼吸飄著薄荷味，腹部溫溫暖暖。她將恐懼藏在沒有說出口也不會說出口的話語中，但我就是知道。我知道她擔心我，知道她徹夜不眠，試著說服自己一切還不算太遲。

*

我感覺得出來爸爸是萬人迷。所有人都被他那輕快的南方口音、懾人的微笑及得體的應對迷得神魂顛倒。他感覺既年輕又優雅，讓人很容易忽略他泛白的頭髮，年紀已經五十好幾，比我媽老上許多。

不過，人無法長久隱瞞真實的自己。這是《蝙蝠俠》告訴我的。此刻的他感覺油盡燈枯，老態畢露，坐在皮椅上等我們：頭髮稀疏蓬亂，滿臉灰色鬍渣，手指關節跟老人一樣僵硬腫脹，而且穿著運動服，灰衣灰褲上頭沾著咖啡漬。

他看上去就像以前常闖進我家院子，被他拿空氣槍射屁股的那隻邋遢狗。「你在幹什麼？」幾年前的那天下午，媽媽在灑滿陽光的前廊上喊道，語氣有些驚恐。她可能從來沒見過父親的這一面，但我心裡清楚得很，知道他轉頭時會露出那愚蠢惡毒的笑。人當然能變成另一個人，而兩者交會之處，便是鬼魂出沒之時：也就是故事裡的雜音與裂隙。

「我只是射牠屁股，」父親小心翼翼卸下子彈放在手上，用那溫和的南方口音說：「給牠一點教訓。」

那隻狗再也沒有出現。

*

如今他不再是那傢伙，也不是做模型的那個男人。某方面來說，他變得更糟了，感覺更原始，更孤注一擲。「我真的很抱歉，」他垂著頭說。

我們像兩個臭皮囊一樣面面相覷。

「我的父母親一定對我很失望，」他突然冒出這一句，聲音有些顫抖。「我對不起你，對不起他們，對不起你媽，」他抽著鼻子說。

說也奇怪，此刻的我坐在客廳裡，感覺比他傷害我時還要糟。**傷害**，這是心理治療師的用詞。所有大人都用錯了字，錯過了語言，也錯失了我。

沒被他壓在床上時，我經常拿著破攝影機到處跑，替鄰居小孩打扮，用番茄醬和光頭套拍恐怖電影，或是到林子裡蓋碉堡，用書本、手電筒、水果乾和餅乾築起躲藏的小窩。

他做的事不是傷害，而是切開，將我一分為二，就像世上也有兩個他。他做的事讓我成了自己的陌生人。

「對不起，」他說：「我不該讓你——」

我很想搞懂他為了什麼道歉。

「我不是有意——」他說著將頭埋在手裡，被鼻涕嗆得說不出話來。

閉嘴閉嘴閉嘴，我心想。我像他看那隻狗一樣看著他，而他果然閉上了嘴巴。

5

奧克蘭

二〇一〇年四月，廿九歲

我摔倒在人行道上，一邊手掌微微滲血，身體隨著一雙鬼手和來自過去的黑暗嗡鳴而顫抖。

「起來，」出拳的男子說。

我從人行道上勉強起身，撐著腳踝站了起來。

「沒叫你站起來！」男子吼道。

我僵在那裡，舉起雙手，背對著他跪了下來。

「轉過來。」

我笨拙地轉過身。那人眼神溫暖，甚至帶點仁慈，但不停抽動。他雙手深深插在運動衫的袋鼠口袋裡，感覺像高塔一般，有如蓄著山羊鬍的《星際大戰》黑武士。

「跪好，」他低吼道，聲音沙啞得有如咆哮。

閉嘴閉嘴閉嘴，我心想。

這時，瘦小精幹的帕珂神奇地閃到那人背後，舉起袋子瞄準他的腦袋。她十幾歲的時候，成天和她的狗屎繼父對著幹。她揚起手臂時我念頭一閃，心想我們或許能逃過一劫。

那人察覺到帕珂，身體有如芭蕾舞者一個優雅迴旋，從袋鼠口袋裡掏出槍，示意她跪下。帕珂雙膝落地。眼前這一幕就像安排好的場景：我眼神空洞跪在地上，槍指著我們，帕珂齜著一嘴亂牙，嘴巴噘成小圓蹲伏在地上，知道我早已學會，但希望她永遠不用學到的事：如何讓自己消失。

那人轉頭看著我，嘴巴緩緩蠕動。我心跳變鈍，聽得見它**噗—通**、**噗—通**跳著。

我感覺溫暖，充滿粒子與能量，宛如靈異現象。只不過那熟悉的朦朧，那份「我正在分裂」的意識，將我扔給了那把槍和那個喃喃自語的男人。

回來，我心裡喊道。

那人蹲在我身旁，我專心望著他的眼白與牙齒。我聞到狗屎、廢氣和髒衣服的味道。我鈍鈍地動了動腳趾。沒反應。

空氣像通電一般，彌漫著他那詭異的挫折感。他揮舞著槍，我將皮夾遞給他，他扔在了地上。我轉頭尋找帕珂，卻只見她趴伏的身影。

我無法動彈，甚至無法思考，只鈍鈍感覺自己麻痺了，有如旁觀者看著自己的故事。

6

匹茲堡

一九九〇年，十歲

「鱷魚眼淚，」爸爸道歉那天，媽媽這樣說。我不曉得那是什麼意思，但心裡浮現他朝我爬來的模樣，忍不住閉上了眼睛。

「我乾脆把他的煞車弄壞好了，」她朝父親那輛轎車點點頭說。車庫裡密不透風，我和她坐在那輛車旁邊的廂型車裡，上方一條燈泡線左搖右晃。我瞪著爸爸的車，彷彿它會抬起前輪自衛似的。

有件事我沒想起來：我曾經在浴室裡對著自己的紅梳子說爸爸的事。因為我想找人傾訴？我們有時就像謎團，連自己也解不開。我的保母正好經過，耳朵貼著門聽到了。她像抱著一個又大又瘦的嬰兒抱著我，用甜蜜的嗓音小心翼翼問我問題。

「試著原諒他，」我和她相處的最後一天，保母握著我的手，手指撫著脖子上的十字架這樣對我說。

「她一定很歉疚，」蘇珊半夜駕著馬自達跑車揚長而去時，母親嘆口氣說。一絲寂寞滲入我的胸膛。我成了太空人，飄浮在空中，愈飄愈遠。

老實說，我有點想叫我媽殺了他。昏暗中我望著她，知道她不會那樣做。我心想沒有人能真的原諒誰。我望著她緊繃而顫抖的臉，感覺很陌生。我擔心起牛仔褲膝蓋上的破洞。正常的小孩這時會說什麼？

「這樣妳可能會有麻煩吧？」我開口道。母親望著我，臉垮了下來。

「嘿！」她將我的手從褲子脫線的地方拉開。「你現在安全了。」我們倆沉默片刻，但我想到字的糾結：某件事只要重複夠多次，意義就會消失。

安全，我心想，**安全安全安全安全安全安全安全安全安全安全**。

7

奧克蘭

二〇一〇年四月，廿九歲

從那名搶匪對我視而不見的模樣，我知道他也被同一股喪屍之力攫住了。就是這股力量讓我爸眼神空洞，讓我明白自己可能會死。每天都有人死於非命。還在的那個我，那個想移動的我看到了另一項真理：所有人都還有機會。帕珂可以逃，黑武士可以放過我們，爸爸可以洗心革面，我可以活下去。

四十街一輛車斷斷續續狂按喇叭，打破了魔咒。黑武士攫走我的背包，往前跳了幾步，將背包抱在胸口。

醒來醒來醒來。我感覺膝蓋發出陣陣劇痛，開始瘀青了。

幾個街區外，車燈開始隱隱約約撥霧而來。黑武士激動地觀察來車，身體一會兒向著車燈一會兒轉開。「別動，」他出聲警告，手裡拿槍指著我（不是帕珂），往後退開。

車燈愈來愈亮。那人突然往後，飄著霉味的衣服唰地一閃。他抓住我的領子，將我從人行道上拖到小巷的樹叢裡，故障的路燈底下。我總算看見了帕珂，離我只有兩三步。我們四目交會。她藍綠色的眼眸恐懼而慌亂。

那不是真槍，我試著不出聲告訴她。

「待在這裡，」男子說道，隨即在車子駛過時跑過馬路，躲到一輛停著的卡車後方。

我們應該逃跑，我出神想道。

車子放慢速度，輪胎黏乎乎駛過潮濕的路面。黑武士錯估了車燈照亮的範圍。我發現自己被燈照亮（哈利路亞），跪在住宅區的馬路上瞇眼望著強光。

我屏住呼吸，微微搖動身子。車子在路口中央逗留片刻。我又動了動身子，膝蓋的痛再次浮出意識。我背部抽搐，身體忽然解凍了。

我用應付父親學來的方法留意黑武士的動靜，但除了富豪汽車的引擎聲外一片死寂。

我閉上眼睛，車子有如脫韁野馬揚長而去。

沒有人會來救你，我告訴自己。遠方淒厲的警笛劃破夜疾。

8 匹茲堡

一九九〇年，十歲

「警長想跟你談談，」媽媽說。我獨自在房間裡，還在拼湊爸爸買給我的引擎模型，但少了他幫忙實在很難。我一時以為她真的趁我睡著時殺了他，但隨即聽見割草機的聲音從遠處傳來，窗外也聞得到斷草味。

警長身上飄著「老香料」味，跟爸爸用一樣的鬍後水，我立刻就不喜歡他了。我知道，所有人都可能是猥褻者。媽媽對朋友的父親愈來愈不放心，甚至包括親戚。

所有男人都可能變質，跟牛奶一樣。

我很聽話，記得見到誰該說什麼，必須如何表現。但我從來沒跟警長講過話，不曉得他想知道哪種事實。我看著媽媽，但她只是回給我和警長一樣的悲傷表情。

警長坐在餐桌前，袖子捲起一半，鬍髭下掛著淺笑，小小的錄音機擺桌上，有如一隻蟲子趴在我和他之間。我不喜歡他頭髮有如一頂皇冠戴在頭上的樣子，也不喜歡他整齊的牙齒和頸背。

「你媽媽希望你告訴我們發生了什麼事——」他似乎不曉得該怎麼往下說。這也讓我不喜歡。世界上最糟糕的東西就是緊張的大人。

「沒錯——」媽媽只這麼說，沒有多解釋什麼。我低著頭，警長開始提問，每一個問題都讓我臉紅。我知道錄音機會將我關進這個愚蠢的故事裡，困在事實中。

有多常發生？警長問。爸爸對你想讓媽媽知道怎麼說？艾莉和史考特在哪裡？他碰你哪裡？

最後問話終於結束，一字一句刻在磁帶上，沒時間修飾得輕微一些。房間裡滿是鬼魂。不過，等一下。

「我得再問你一件事，這件事很重要，」他頓了一下，興奮與焦慮在我胃裡翻攪。從來沒有人問我重要的事。「你必須仔細考慮，因為這是個大決定。」

媽媽一臉期望看著他。我動了動二頭肌，感覺肌肉觸著襯衫的綿料。

「你可以照自己的意思回答，不會有人生氣，好嗎？」他彎身湊向我，身上的汗水夾雜著古龍水味，讓我心底警報聲大作。我本能後退，感覺想吐。也許就是這個反射動作，將故事導向了另一個方向：男人濁熱的呼吸吹過我臉龐，那陌生的氣味，恐懼成了推進燃料。

「你希望爸爸坐牢嗎？」

一切瞬間凍結。

*

感覺就像透視畫：保母駕著敞篷馬自達跑車遠走高飛，赭色頭髮四散飛揚；爸爸還戴著厚重的工作手套在屋外，看見警車令他心臟狂跳；媽媽看著我，跟我解釋我們為什麼還和他同住一個屋簷下：破產、財產稅、找不到工作，等等等等。

我雖清楚自己心意，但更明白家人需要我怎麼做。

「不希望，」我說。

我看著另一個我振翅遠走。

他看著我，臉上浮現媽媽稱之為「厭倦」的大人表情。

「你確定嗎？」

動者恆動，動著的故事不會停下。我點點頭，他等我往下說，但沉默就是我的語言。沉默遮蔽真相，直到成為真相。

9

奧克蘭
二〇一〇年四月，廿九歲

車子一疾馳而過，黑武士就又現身了。我感覺氣氛變了：他變得更錯亂、更急切。他在我耳邊低語，眼眸和我們在布洛德街的維多利亞式老房子的硬木地板一個顏色。那個記錄著偷抽菸及初吻的臥房。

東西給我東西，他喃喃自語，擎槍的姿勢有如天后。

「拿去，」帕珂甩著皮夾插話道。那人毫不理會，目光幾乎沒有從我臉上移開。

「你可以拿我的信用卡去用，」她又說道。我從來沒聽過她用如此慎重的語氣說話，感覺令人安心又有力。她再也不會是過去的她了，我心想。

那人退後一步，從她手裡搶過皮夾。

「好了嗎？」她說，接著看我一眼，像是在說：**來吧**。

醒來。

我沒有現金——

我消音了。我發覺自己都沒開口，完全沒有。「你也可以拿走我的信用卡，」我鸚鵡學舌似的照著帕珂的話說。那聲音一如往常嚇了我一跳，好尖，好女人。

那人盯著我看，臉上表情一變。他搖搖頭，彷彿在說：**幹**。我膝蓋痛得哀號，感覺手和腳像是扎了幾千根針。他放下槍。

「滾吧，」他說。這饒命來得太過突然，我差點沒聽見。

但我身體很清楚該怎麼做。我甩開鬼手，整個人活了過來，有如火箭衝向夜色之中，留下一道喘息的白霧。

10 匹茲堡

一九九〇年，十歲

爸爸戴著那頂白癡藍色網帽坐在刈草機上，看我從他身旁跑過。我的橡樹就在林子裡的楓樹叢後方，樹皮有如大象的肌膚。我躺在它傾倒的粗樹幹上，看著陽光穿透枯葉閃閃爍爍。

我豎耳留意警長關上車門的俐落聲響，但只聽見鳥群彼此呼喊：**我活著我活著**。我想念艾莉和史考特。他們憑著孩子的敏感直覺我身上有毒，總是兩個人玩在一起。

我在心裡鳥瞰那間房子：媽媽拿著摻了柳橙汁的伏特加走回臥房，爸爸高高坐在刈草機上看著警長離開，艾莉和史考特在他們的臥房裡將爽身粉和媽媽的香水混在一起，變成有毒的乳液，小小的臉蛋聚精會神。

我闔上封面，故事結束了：保母繼續遠走；警長狠狠瞪了爸爸一眼，一嘆了之；爸爸替刈草機加油，踩下油門；媽媽看著鏡中的自己。但我不曉得，永遠也不會曉得，其他人在故事裡見到什麼。

許久之後，媽媽喊了我，但我沒有應她。我聽見鞋子踩過落葉的聲音，但沒有瑟縮。我不在乎走向我的人是誰。

*

因為我對自己說了這個故事：我知道如何隱形，如何可觸而不可及。我可以讓身體睡去，一隻手臂一隻手臂遁入夢中。需要的話，我可以等上一輩子才醒。

11

奧克蘭

二〇一〇年四月，廿九歲

我耳朵啪的一響，聲音頓時湧了進來：我們奔跑的腳步聲、咳嗽、窗子猛力關上、汽車音響的重低音、狗吠和輪胎刮過柏油路面的聲響。我們跑了好幾條街，對家家戶戶的鞦韆、石頭花園和草坪上的裝飾幾乎視而不見。

我感覺自己可以舉起一輛車，將壓在車身底下的嬰兒救出來。我手腳裡的針消退了，四肢百骸同時活了過來。我感覺得到：一道門開了。我感覺自己在幾個我之間猶疑片刻。它們全都在：孩子的我、我本有的身體，還有我想成為的身體。

我回頭看了空蕩的街道一眼。「他走了，」我說，腳步稍微放慢。帕珂點點頭，眼睛仍然盯著前方。我們一前一後跑過一輛鎖在木造門廊上的單速車，跑過漆黑的窗戶、摩托車和釘在電線桿上的院子拍賣看板。

我身旁那輛車的鈷藍、我身上散發的熱氣和人行道的氣味，一切都無比強烈。

「妳還好嗎？」我問帕珂，她瞳孔放大，臉色茫然，每跑一步臉就皺一下。我看見停在左前方的賓士車前座皮椅上有動靜：一雙女人的手，遮陽板拉下，車內亮起有如燈塔。

「停！」我說：「帕珂！」我停下來指著那輛車，帕珂回頭看我，彷彿不確定自己還能說話。那人隨時可能出現，我鬱鬱地想，停下來就等於減小成功脫逃的機會。帕珂的額頭閃著汗水。「帕珂？」我喊道，但她依然沒有開口。

「帕珂？」我想叫她回到自己身體裡，對抗動彈不得。「嘿，」我抓著她的手說：「我們沒事了，好嗎？」

帕珂茫然點頭，嘴唇微微顫抖。「救兵來了，」我朝停在路旁的那輛車努了努下巴。

「好，」帕珂總算吐出一句，聲音毫無起伏。

「沒事了，」我說，頭一回感激自己的聲音。那聲音在搶匪滴答作響的眼裡激起的異樣，讓我得出一個新的故事：因為我是女的，所以才能活命。

我猛力敲打賓士車的前座車窗，雷雨般的拳頭嚇了車內的女人一跳。她將車窗搖下一道細縫。

「我們被搶了，」我說。那女人髮色很深，塗著厚厚的眼影。我用我在大學心理學課上學到的眼神望著她。「他有槍，在我們後面。」

「喔，」那女人審視我們的臉，心裡衡量著。我發現她沒比我們大多少，頂多卅五歲，但外表看不出年紀，頭髮短而柔順，上衣很昂貴，臉上的細紋應該是笑或抽菸或笑加上抽菸的結果。「好的。喔天哪！沒問題。來吧，我就住在這裡。」她指著其中一棟新蓋的集合住宅說。我和帕珂之前經常嘲弄這些房子，取笑它們低俗空洞的中產階級調調和我們從觀景窗外看見的超大平面電視。帕珂怔怔望著她，我咬緊下顎，不讓自己在她推開大門時哭出來。

是地毯打敗了我。它踩在腳底下是那麼柔、那麼軟。我聽見自己聲嘶抽泣，這反應讓我害怕。帕珂伸手摟住我，我撲到她懷中，那女人悄悄上樓，讓我們獨處。

「你差點就死了，」最後帕珂柔聲說道，和我一樣淚濕了臉。我點點頭。她身上飄著茉莉花和鹽的味道。我用手背擦了擦鼻子，心裡忘了槍、黑武士和死寂，而是想起逃跑，想起靠著自己的雙腳脫逃，跟身體合而為一的滋味有多美好。

「好了嗎？」帕珂問道，臉上稍稍回復了血色。

我不曉得她在問什麼，可能是任何事。

「好了，」我說，管她在問什麼。

II

逃跑

Flight

12 南卡羅來納

二〇一〇年八月，廿九歲

大雨傾盆，我讓雨刷來回甩動，刷走車窗上的湍流，用那聲音提醒自己有多麼渺小，一邊努力回想自己到底是哪一刻活了過來。從被搶當天到這趟南卡羅來納之旅，幾個月來我不停回想，不停反芻搶匪槍下留人，我對自己身體動作的驚嘆和吸到肺裡的晚風，還有我彷彿地面在腳下裂開似的沒命奔跑，但在天搖地動之間卻有一個可能性展翅高飛。

從那天起，我就一直在跑：在住處附近一圈又一圈地跑，跑得汗流浹背，想找回當時如風箏般的感受。只要那感覺沒出現，我就知道自己跑得還不夠遠。

這就是為何我此刻置身濕黏的美國南方，開車朝賤價汽車旅館奔去，經過一塊塊床墊廣告看板和聖經詩篇的原因，也是帕珂在機場放我下車，笑容裡帶著一絲苦澀，我卻仍然執意追著令我心狂跳的邏輯而去的理由。

至少她沒有為了這件事和我吵架，而我也慶幸不用解釋自己覺得起了翻天覆地的變化。我不敢明說那恩典是什麼，深怕聽來像是癡人說夢，甚至太像傳教。

我去**捉鬼**，我對帕珂說，好像這也算理由。我想去看看父親長大的地方，了解家族歷史，試著剖析他僵住的緣由，了解他為何無法打破僵局，總是用那雙呆滯的眼神找上我，又是什麼讓我和他不同。

於是我收拾行囊，坐上飛機，直到置身天際才承認這樣做是為了活下去。

*

動者恆動。

自從被搶之後，我就經常看見自己蓄著鬍子、裸著上身在夢裡狂奔，醒來之後滿身是汗，活力充沛，好像融化一般。我會光溜溜下床，帶著一點暈船的感覺，逼自己認真檢視臀部、光滑的肌膚與尖下巴。而我的胸部一片平坦。自我兩年前做了平胸手術之後，看上去再也不像驕傲的雌雄同體。

我看起來就像一塊白板，等著被填滿。

好男人難尋，我一邊心想一邊彎進昏暗的旅館停車場。我擺出正經的嘴形，提醒自己記得直視每個人的眼睛，接著便將背包甩到肩上，慢慢悠悠從三名頭髮糾結的獵人面前走過。他們身旁擺著沾血的冷藏箱，有如哨兵一般站在拉門邊。

恐懼在我胸口躁動，但我任由它去，聽它哼鳴。那三個傢伙盯著我的貼身白T恤、緊身牛仔褲和刺青看。我知道他們覺得我是同志，甚至（我不曉得哪個比較可怕）是「非男」。我一走近他們便安靜下來，有如一隊烏鴉手插口袋望著我走進樓房。

繼續走，我心裡有個東西這樣說，比鬼還美好的東西。我的膝蓋（它們真是偉大）領著我繼續向前。

鱷魚和祕密；氯與狗。我壓低帽沿，將信用卡遞給日光燈下那個一臉鼬鼠樣的傢伙，心裡暗自祈禱。我的女孩名字清清楚楚印在卡上。

他看了信用卡好一會兒才將鑰匙給我。

「先生，對街有一家酒吧，」他將信用卡還給我說。我不喜歡他那心照不宣的語氣，因此只是點點頭便轉身離開，心裡記得自己的聲音夠堅定，足以改寫這故事。

13 南卡羅來納

二〇一〇年八月，廿九歲

我放下行李，躺在刺刺的蓋被上，試著穩定心情。「滾吧，」我聽見搶匪的聲音，有如慢動作體育重播在我腦中回放。我甚至能用麥克筆在膝蓋上打圈寫道：「我就是從這裡不再裝死。」

那傢伙不叫「搶匪」，我一邊這樣提醒自己，一邊平復呼吸，眼睛盯著天花板上的廉價燈具。他叫喬治·哈金斯。

我會知道他的名字，是因為我見過他的大頭照。相片裡的他眼神溫暖熟悉，甚至友善。山羊鬍修剪過，臉上的神情若有所思。

我現在知道很多哈金斯的事，還有那天他用槍將我壓制在人行道上之後的進展。七月時新聞裡全是他遭公民逮捕的狗血報導。他被控謀殺康晉宏（音譯），一名到奧克蘭市接受谷歌面試的維吉尼亞州男子。康晉宏的死為灣區新興的達康熱潮蒙上了一道巨大的陰影，一名愛家男因為區區幾塊錢而喪命。有意思的是他當時身旁的女伴竟然毫髮無傷。

報紙還說，警方研判哈金斯在搶劫我們到殺害康晉宏之間還搶過一對夫婦。他們被搶時就坐在路旁的車子裡，離我被制伏在水泥地上的地方不遠。丈夫雖然中槍，但活了下來，妻子則再次毫髮無傷。

《舊金山紀事報》一登出哈金斯的相片，帕珂就打電話給我。我那時在上班，立刻點進網站確認，但其實當她說康晉宏命案和搶劫我們的人有關，那人「就是他」時，我就知道了。

再次見到他那雙空洞的眼神令我毛骨悚然。司法部資料庫在他的職業欄裡註明「勞工」，新聞報導一開始說他以車為家。

我轉開水龍頭，在飄著霉味的汽車旅館浴室裡刷牙，仔細打量自己幾秒，撇開體內那股詭異的力量，甩掉橫亙在我心中樣貌與鏡中樣貌之間的顫音。

「男人啊，」母親曾經這樣說，而我覺得這回答了一切。

我以為人要崩壞到一個程度才會拿槍對著別人的臉，轟了對方腦袋；必須自暴自棄到了極點，才會想毀掉一個小孩。

我躺在床上試著入睡，但即使空調沙沙作響，我還是聽見黑暗裡的各種聲音：警笛、飛禽掃過天際朝高速公路俯衝、動物在水底下緩緩朝獵物靠近。

我今晚不會睡了，就算睡著也只會不停做痛苦的夢，讓身體擺脫不了從家裡帶來的精疲力竭。我已經學會和它的喋喋不休和平共處。

我將頭枕在手上，聆聽空調的震動，讓自己回想羅伊。我上一回見到他是大學的時候，他頭髮灰白，困在高爾夫球衫和鬆垮的卡其褲裡，看上去更像空殼，而非男人。我怕的其實不是他，而是他能做出什麼。

幾個月前，我在胸前刺青，刺了「愛你的」。原本我想要刺「愛你的鬼魂」，但刺到一半就叫師傅停手，因為我不確定自己能做到。現在我心口上方是一塊空格。

男人啊，我心裡不安想著。我能了解媽媽為何讓這個詞變成火山，但不曉得該怎麼用它來界定我夢裡那個鬍鬚男。晨曦從塑膠百葉窗縫透進來時，我感覺四肢沉重。在沉入夢鄉前的瞬間，我心裡想著自己必須認識父親才能理解他的崩壞。我也得面對那最大的鬼魂：我要如何確定自己體內沒有可怕而崩壞的東西？

14

奧克蘭

二〇一〇年六月，廿九歲

出發到南卡羅來納之前，我每天早上醒來都覺得世間萬物罩著一層悲傷，在燕麥片裡，在我們的床和枕頭上，模糊了窗外的景致。帕珂的規矩變多了，不准去城裡的餐廳，也不准深夜在外走路。我們買了一輛掀背車，出外都靠它代步，卻還是無法讓帕珂覺得安全。

我的成長經歷已經教會我，當世界對你露出獠牙，你是無處躲藏的。只要天快黑，帕珂連推開車門走十步到一家好館子都沒辦法。每回見到她強忍淚水，面孔因為挫折驚惶的憤怒而扭曲，我就會想到這一點。

「我也被搶過，」有天一位朋友捧著薄荷茶聳聳肩說。我們坐在皮德蒙大道那間咖啡館外頭的人行道上，陽光依然安安穩穩照在我們背後。「住在城市裡就是這樣，不是嗎？」

不是。

我就像嚇呆的獸，愣愣對著晃動的槍、那傢伙身體忽前忽後，還有他聽見我聲音時那雙瞪大的死魚眼。我試著解釋他心裡的挫折不斷累積、發酵，直到看見被害者的瞬間莫名爆發。而救了我的，卻是我身上那些我向來視之為危險的部分：我的「女性」，至少是我的「非男人」。

帕珂無法理解。「這是我這輩子遇過最棒的事，」我有一回這樣對她說。從她眼神一閃、身體一縮，我知道自己做錯了。

她後來常用這一點來說明我倆的不同。「**你這輩子遇過最棒的事**？」她弟弟在她四歲時死了，從此她不論愛上什麼，都不會忘懷失去的沉重。那把槍就像一個醜陋的提醒，象徵著我的身體可能遇到什麼，象徵著被拋下是什麼感受。

「**你這輩子遇過最棒的事**？」她說話的語氣就像在說「男人啊」。

這是背叛。

*

我在賓州西部長大，當地人會獵鹿以控制鹿群的數量，但我們還是會放鹽磚，看鹿群一家大小走過。我發現只要動作夠慢，就能開門走近牠們。鹿群會豎起耳朵盯著我瞧，身體動也不動，彷彿時間靜止一般。

我會不斷靠近，五公尺、四公尺、三公尺，接著斗膽伸出一隻手。就像施了魔法一般，牠們會微微睜開眼睛，身體後拱，隨即驀然醒覺，縱身離開，毫無例外，身影巨大、優雅而活躍。

在我和鹿群之間有一條隱形的線、一道疆界，而且次次不同。有時四公尺，有時兩公尺。每個身體都有自己的臨界值，而所有人最終都知道要跑。只是大多數人沒意識到這一點。

我們永遠不會忘記怎麼逃。

15 南卡羅來納
二〇一〇年八月，廿九歲

一輛十六輪大卡車轟隆駛過，將我從夢中震醒。我深呼吸一口乾燥的空氣，然後下床。我光著上身，兩道拇指寬的疤痕從腋下延伸到肋骨，愈來愈細，在胸前劃出兩個半圓。

我手指滑過縫線原本的位置，追溯它們的遺跡。還記得引流管和繃帶拆掉之後，我套上T恤，頭一回感覺它在身上的樣子對了。我當時跟帕珂說這樣就好，我很高興自己的身體介於中間，不是男人，也不是女人，不全然是。

可是。

我拉開百葉窗，停車場上的垃圾車和半掛式卡車頓時映入眼簾。陽光讓我感覺好些。我在心裡盤算這天的行程：去州立檔案室找羅伊的家族資料，然後和伯伯共進晚餐。我和他已經二十年沒見了，我想到就緊張。我可以聽見帕珂的聲音、她輕鬆的鼓勵。**你行的**，她會這樣跟我說，就像她平常那樣。

說吧。

「我行的，」我告訴自己。

我洗臉梳頭，專心凝視自己的眼睛，直到臉的輪廓模糊。

別走，我的身體警告我，於是我專心想著體香劑的木屑味和古龍水的檸檬味。我可以用合身的白T、刺青、髮膠和薄荷牙膏投射出一個形體，要是做得恰到好處，我瞇眼就能看到形影正確的自己。

我將棒球帽的邊角彎低，抬頭挺胸走過櫃台前面。

「先生，祝您有個愉快的一天！」我聽見有人在背後喊道。一個看不見的男人，不曾存在的男人，一直在這裡的男人。

*

進了市區，我在一家咖啡館點了咖啡。店裡望去全是鬍鬚與刺青，但即使如此，我往杯子裡倒奶精時，還是有一名中年婦人盯著我。我真希望帕珂也在，把場面弄得幽默一些。她會開這些老母驢的玩笑，說她們應該擔心自己身上的老媽牛仔褲，而不是她的帥男友。

我喜歡她喊我帥男友。

十五歲那年，我和初戀女友搭公車到購物中心，兩人在Gap的試衣間愛撫，一名不知情的高中肌肉男從門外遞了牛仔褲進來。「你比他可愛多了，」我女友熱辣辣在我耳邊低語。那時我在試衣間的鏡子裡見到的還是熟悉的身影。

「你看上去像男孩，」她咬著我的脖子說：「但比男孩更好。」

我深呼吸一口氣，拿著杯子朝車子走去。南卡羅來納大學旁邊的主廣場還不賴，除了雜七雜八的普通外帶餐館和酒吧，還有一家American Apparel。火車哨笛聲夠遠、夠寥落，不失迷人的感覺，而校舍則是宏偉分布在勤灑水的綠油油草地上，非常詩情畫意。

某個一大早就開始派對的兄弟會男學生不知從哪裡戲謔吼道：「加油，鬥雞隊！」女學生穿著臀部印有「鬥雞」字樣的褲子，青年們戴著意有雙關的骯髒白帽子[2]，在城裡四處跟在她們背後鼓譟。我很難想像父親頭髮濃密，捧著書懷裡摟著一個女孩走在這裡。

我往左轉，發現一群模樣粗魯的男人圍在垃圾桶旁。裡頭長得最抱歉的那傢伙伸手朝我抓來，速度快得驚人，害我差點閃不掉。我手掌握拳貼在身側，繞過他朝馬路對面的加油站走去。

「嘿，」他低聲沙啞喊道。

廣場空空蕩蕩，學生我想不是去上課，就是在開了門的酒吧裡。我試著抑制內心的慌亂。這個新的創傷後壓力症候群跟我已經習慣的低鳴完全不同。它是颶風，快又狂野。

我可以聽見帕珂說：「快跑，寧可當傻子也不要沒命。」

「嘿！」那人又喊了一聲。他牙齒發黃，皮膚硬如皮革。

雖然我驚惶不定，但心裡知道他只是崩壞的無害老人。再說我隨時都可以跑。我吸了一口氣，轉頭看他。

「什麼事？」

「能借我一塊錢嗎，女士？呃，先生？」他開口問。我搖搖頭，兩個回答都是不。

到了加油站，我靠在冷飲櫃上。

「小心點，」出發前帕珂跟我說，意思是要我別以為自己應付得了南方半鄉下的男人。我得再經過剛才那群男人才能回到車上。從他們面前走過時，我在心裡想像自己的父親。我看見自己揮出一記漂亮的鉤拳，他脖子一折，發出令人滿足的致命聲響。

那群男人瞄了我一眼，隨即撇開目光，朝走過他們面前用手驅趕他們的一名女子叫囂。

我安全了。嘴裡發酸的恐懼逐漸淡去，留下一股令人不快的淺淺悲傷。我走

---

2 譯註：英文「白帽子」（white hat）有好人的意思。

回車旁。當我關上車門，車裡的寂靜跟雪一樣沉重。

我閉上眼睛，看見爸爸跪在龜裂的人行道上，哈金斯低頭看著他。哈金斯、槍、我父親瑟縮著。「滾吧，」哈金斯低聲道，我父親起身逃跑。

也許我父親小時候會拯救受傷的鳥，大學時會揮拳幫朋友出氣。誰說不可能？我能來到這裡，就代表一切都有可能。也許我終究能理解他。

也許我終究能找到方法成為他的兒子。

16

波士頓

二〇〇三年一月，廿一歲

電話打來那天，是我大四那年元旦。天氣濕悶，前一晚的威士忌害我反胃，睡眠不足讓我腦袋昏昏沉沉。

「我有羅伊的事要告訴你，」媽媽劈頭就說。她跟我提到他時向來直呼他的名字，因此我出於本能堅持喊他「爸爸」。對我而言，他不只是他對我做的那些事，他還是我父親。

「很嚴重，」她接著說。我克制不住，腦中浮現他的葬禮，還有我會表現得多孝順。我會對著他的墳說一些很有智慧的話，然後女友會帶我回家，真正感覺像家的家，不是床墊鋪在地板上的鳥公寓。

「什麼事？」我問道，試著保持冷靜。

「你起床了嗎？」媽媽語氣轉為正式。「這件事很要緊。」

我坐起身，將菸摁熄在二手商店買來的缺角煙灰缸裡，順手梳了梳頭髮，彷彿她能見到我這副狼狽貌一般。

「嗯，我在看書。」

「好吧，」她聽起來不大相信。「我其實不大曉得該怎麼說，所以就直接講了。」她語氣裡的軟弱讓我坐立不安，心裡焦慮了起來。「羅伊昨晚過來看小孩，我們吵了一架。」

我沒有呼吸。高中時，我有一回見到他們頭靠著頭在前門玄關竊竊私語。兩人自從我性侵的事爆開來後就分居了，但只要他伸手示好，她從不拒絕。

「還記得我的前夫里克嗎？」

「喔，嗯，當然記得，」她說那場婚姻結束得很糟，她遭背叛。好像是吸毒吧？我的記憶很模糊，即使狀況好的時候也一樣，就像過度熱心的保鑣猛力擋開他人，免得我受往事侵擾。

「嗯，他不是天字第一號大好人。」她言簡意賅地說。

「的確。」

「但我從來沒有跟你說過，你兩歲時他曾經上法院要求探視權，」她說：「結果當然是輸了，因為親子鑑定沒過。」

我躺回床上。「他為什麼想探視我？」

「呃，我其實不大清楚。」

我們倆沉默片刻，直到我發現她不打算往下說。「他一定有什麼理由。」

「你出生時我們已經分居了。你也知道，我不是很會看男人。」

「嗯，」我不置可否，不想多聊這個話題。我將床邊擺了一夜的水喝了，找點事做，等她繼續往下說。

「我那時沒有很認真跟羅伊約會，但非常肯定他是你父親。里克知道這件事，我猜是我要離婚讓他很不爽。」我打量窗外皎白的雪，欣賞它將刺骨的濕冷掩藏在光潔如枕的雪白之下。

「所以里克絕對不是我爸？」

「絕對不是，」她說。

「是羅伊？」

「我百分之百確定。」

「好，」我應和道。

她停頓得有點久，我在電話這頭等著，感覺嚴重的就要來了。

「重點是——羅伊是你父親，但八〇年代親子鑑定還不發達，結果我們那天吵架，史考特和艾莉聽見他說——」她擤擤鼻子，時間抓得剛剛好。「我搞不懂他為何要提那件事，」她喃喃自語。

「什麼意思？」

「羅伊做了親子鑑定，結果是不確定，」她說，接著馬上補了一句：「百分之九十五陰性。」

「是陰性還是不確定？」

「你小時候看起來好像他，」母親說：「我打電話來跟你說，是因為他突然忘了當初是他自己要求絕對不能提的。」

我腦中一片混亂。我其實不想知道。我真想重新醒來，活動糾結的筋骨，假裝自己的生活就跟櫃子裡的穀麥片和體內雷鳴般的宿醉一樣簡單。臥房外，我那個被動攻擊型的室友亞曼達正在故意大聲洗碗盤，氣我昨晚又撒手不管。想到她怒氣沖沖也好，想到窗外雪融也罷，老實說，想到任何事都比媽媽告訴我的這件事還要令人舒坦。

「妳以前為什麼都不告訴我？」我問她，語氣怯懦得令我討厭。

「因為這很要緊嗎？他不應該十年後才縮回去。他是你父親，對你做了什麼就是做了，就這麼簡單。」

「對我很重要，」我喃喃道。

「為什麼？這會讓他對你做的那些事變好嗎？」

「不會。」

我想起那個引擎模型，想起他用那雙愚蠢混濁的眼神鬼祟前進。我重新點了一根菸。白色百葉窗上的污漬突然讓我厭惡起來。我忘了自己手上拿著電話，直到她吸了吸鼻子我才回過神來，將襲來的柔情一把揮開。我很清楚她泛紅的目光和哭泣時臉上的驚詫，彷彿不敢相信自己如此悲傷。

「所以如果不是羅伊，那誰是我爸？」

「是羅伊，」她說。

亞曼達不再在廚房裡乒乒乓乓，世界寂靜得讓我感覺白雪沉沉壓在屋頂上。百葉窗片覆著厚厚一層東西。是什麼？煙灰嗎？這房間到底累積了多少年的人體殘渣？

「假設不是羅伊——」我懶洋洋問道。

「我跟羅伊定下來之前曾經有過一夜情。我不認識那個人，不曉得怎麼聯絡他。」

我深吸一口菸，將煙灰彈掉，直到菸頭又紅又亮。紗窗外，窗台上的冰柱每根都有三十公分，前端又利又尖，讓我感覺很危險。

「妳知道他叫什麼嗎？」

「吉姆，」她說：「姓尼爾森，住在紐約，我們是在會議上遇到的。他不是你父親，而且那是二十年前。」

我讓自己暫時想像另一個人生：父親帶我去溜直排輪，教我幫車加油，當他父母過世、感覺無力或知道有些事超過他控制所及時會強忍悲傷，但看得出來。我看著那想像中的父親老去、死亡，看著他弱化成一具臣服於命運的身軀，傾聽他臨終前的低語，聽他訴說自己多希望我能和他一樣，明白這世界終究能是美好的。

「親愛的，對不起。」我知道她是真的感到歉疚。

「要是羅伊不是我父親，那更好。」

「但他可能是，」她提醒我。

「但他可能是，」我重複道。「但如果他不是，那就太好了。」

「我就想你會這樣覺得。」

我一口一口抽著菸，專心想著今天晚上，想著我清完百葉窗後要去的愛爾蘭酒吧。

「你知道我愛你。」

「我知道，媽。」我將濾嘴壓在那個難看的煙灰缸的瓷面上。煙頭繼續亮著，直到我使勁用菸屁股將它弄熄。

摁熄才對，我心想，我把菸摁熄了。

不管了，他是我父親，我心裡這樣決定，否則他就不會愛我。也許他其實很討厭我，討厭我的斯拉夫臉，討厭我的纖瘦，討厭我的身體經常提醒他這件事。對我來說，這樣想實在太痛苦，只會讓我再次消失。

我突然不安想到，自己竟然成了只聽自己想聽的故事的那種人。

「我不希望你覺得我不好，」她聽起來很渺小。

「我不會的。」我說，因為我不這樣覺得。

掛上電話，我獨自坐了很久，凝視三十公分長的冰柱在陽光下滴水，如點滴一般。那景象讓我憤怒。它占去我那麼多視野，而我對它尖銳的形狀無從置喙。

艾曼達在門外說：「你要是偶爾能幫忙洗碗，我會很感激。」

我想像自己的父母親就站在身邊。想像羅伊是我爸，然後想像他不是。我想像自己不斷揍他，直到他流下鱷魚的眼淚。

「我只是覺得這件事我們已經討論過不少次了，」亞曼達接著往下說：「對我來說，同住一個屋簷下的人能守規矩真的很重要。」

我走到壞掉的舊窗前，將窗子像血盆大口一樣打開，然後猛力關上。地板跟著搖晃，但誰想到會這樣？

那該死的冰柱就是不斷。

17 南卡羅來納

二〇一〇年八月，廿九歲

檔案室牆上滿是令人眼花撩亂的登記簿與紀錄本，裝訂成冊，紅色或棕皮封面不是發霉，就是千瘡百孔。我挑了幾冊，翻閱南北戰爭時期的帳目，然後放了回去，心裡浮現一股前世今生的震撼，感覺這些冊子就像我人生獨幕劇裡的道具一般。

我努力不去想像約翰伯伯仔仔細細上下打量我一番才讓我進門。他和荷莉伯母是南方的浸信會教徒，虔誠到媽媽曾經警告我，除非我打算陪他們一起上教堂，否則千萬不要週日登門造訪。我努力不去想他和荷莉伯母，不去想他們會怎麼看待我的不男不女和我提的問題，還有我突然出現在他們家門口，而且說不出理由。

別走，我告訴自己的身體。

好吧，要從哪裡開始？關於父親，我目前所知的部分令人哀傷，但還不到悲慘：他的長兄開槍自殺，而他們家族在大蕭條時期失去了農地。

有一件事或許更能透露蛛絲馬跡。媽媽在我小時候找到一張羅伊剛會走時拍的肖像照，他穿著女孩的衣服，臉頰被塗成粉紅色，洋裝皺皺的。

那張相片裡有我的影子，只是我當時不知從何解釋起。我知道我在鏡子裡見到的那個男孩是個樣板，可以像老師用投影機放映的投影片一樣，疊加在我的身體上。我知道我需要做一點計算去適應他，柔和某些線條，將我們揉合成一個可以辨識的形體。我知道大學之後，當我身旁的男孩變成男人，我就再也無法隱身在他們之間。喝酒和壓力會讓他們發胖變肥。

因此，鏡子裡的男孩並非過渡工程，而是生命器官，只是失蹤了。如果真要我說，我會說我到南卡羅來納就是為了帶他回家。

＊

「你要找人口普查紀錄，在那邊，」檔案室管理員指著一個大木櫃說道。她臉頰上的腮紅非常明顯，塗得太高了。「你可以用微縮膠卷讀取器看。」

「喔，」我等她進一步指示。

「你沒用過微縮膠卷讀取器？」

我搖搖頭，心想自己的聲音是不是露餡了。濃濃的羞恥感從我胸口直竄脖子，卡住了喉嚨。

「親愛的，讓我幫你，」她告訴我，口音如鳥鳴般婉轉。「來吧。」她挑選產品似的拿了幾個微縮膠卷，並用專家的眼光逐一檢視。

「這些是婚姻紀錄，」她對我說，語氣熱情了起來。「你會需要用它們來跟普查紀錄對照。」她將資料放在櫃台上，憐愛地拍了拍。「好了，小伙子，」她說：「讓我們瞧瞧能不能把它們裝到機器裡吧。」我低著頭，莫名地紅了脖子。那種被看見的恐怖與歡喜，不安地感覺到這有多麼不堪一擊：我不是我自己，完全不是。

她帶我走到一個龐然大箱前，感覺很像一九八〇年代拍時光旅行電影的導演會想出的東西。

「所以，你是想多了解一點家族歷史嗎？」她一邊拉膠卷一邊問道。

「嗯，」我說，盡量壓低嗓子。

我看見她眼裡的我：一個戴著奧克蘭運動家隊球帽的安靜年輕人，來這裡尋找些什麼。

「好了，」她說著打開開關，螢幕上的普查紀錄亮了起來。「一九二〇年。」

看見普查紀錄上的圓潤字跡，記錄者的溫柔謹慎，讓我莫名感動。

「我就不吵你了，」她說：「需要的話，我就在那裡。」她指著我剛才遇到她的地方。她慈愛的眼神讓我想念起我媽，頓時罪惡感穿心。我努力壓下心裡的歉疚。

有時，我們有的就只是故事，我暗暗提醒自己，將目光轉到機器上。

真的。

*

我在筆記本裡畫下父親的族譜，記下我見到的，例如家族的田在大蕭條時期何時賣掉，並記下只能憑想像的，像是棉花田、驢車和煤氣燈。我找到了我的祖父母，還有他們的父母。我不斷往回，經過普查者在所有女人姓名旁邊註明「不諳讀寫」的年代，回到家族以奇怪方式混居的時光：伯伯、祖父母和孫子女。我發現我有一位叔公是南北戰爭時的南軍，讓我的血緣染上了蓄奴的印記，令我難以想像，也無法接受。

我的血緣。是嗎？

這很重要嗎？大學最後一學期，我擱下了這個問題，之後再也沒有碰它。我忙著在自己的遭遇之外打造另一個人生。我待在舊金山，紅木步道與同志酒吧之鄉，專心成為一個不被過去創傷定義的人。我將「正常」當成北極星，將父親排除在新的更好的我之外，因此自然不包含我的祖先。

但當我看著自己畫得亂七八糟的家族樹，望著應該填上我名字的那處空白，我知道自己錯了。答案自相矛盾：這件事既根本又不重要。生物學不會抹去我的疤痕，也不是疤痕的始作俑者。不論我是誰的孩子，這副身體都是我的。

18 南卡羅來納

二〇一〇年八月，廿九歲

垂柳低低，一如歌詠美國南方的曲子裡描寫的那樣。

我坐在租來的車裡，望著馬路對面約翰伯伯那間樸實但維護良好的殖民風格房舍，很想打電話跟他說我根本沒離開加州。但我還沒來得及落荒而逃，手機螢幕就亮起他家的電話號碼。我趁自己改變心意之前接起電話，發現是荷莉伯母打來的。

「親愛的，你迷路了嗎？」她的聲音又甜又抑揚頓挫。

「沒有，伯母，」我說：「我剛到。」

就在這時，我發現身材圓潤的荷莉伯母就站在前廊上，滿臉笑容逮到我在說謊。她朝我揮手，我窘笑著從車裡出來，刻意縮小步伐穿越草坪，做出不想被看成男人的女人姿態。

伯母匆匆打量我一眼，隨即將我摟在懷中。「真高興見到你，」她用那溫暖又堅定的南方風格對我說。

約翰伯伯從她背後冒了出來。他們倆身形相近，宛如兩顆梨子。他跟父親只有些微神似，讓我鬆了口氣。

就我所知，沒有人跟他們提過性侵的事。媽媽沒說，羅伊則不可能提。但他們已經十多年沒有見到我了，天曉得他們心裡會如何解釋。我忍不住想，羅伊會不會是家裡的游離份子，失控的男人。在所有可能當中，這或許是最可怕的一種。

約翰伯伯竟然和我握手，而不是擁抱，隱約認了我的男性化，讓我嚇了一跳。「真的是太久沒見了。」

我握了手，點了點頭。

他眼睛有些濕黏，幾綹頭髮耷拉在前額，但目光中的調皮神氣讓我想起羅伊很開心的時候。

「你爸爸知道你來這裡嗎？」

「不知道，」我說：「我們沒怎麼聯絡。」

荷莉伯母的笑容微微一凜，但除此之外，我們只是圍成一個小圈，呆立在門廊上。我太早表露心跡了，感覺很蠢。

「唉，那真是遺憾，」最後約翰伯伯開口道：「你肚子餓了嗎？」

＊

我額頭貼著後座的車窗，在往餐廳的路上。現在吃晚餐還早，途中他們刻意停在那間白色單房魚鱗板建築前面，要我欣賞他們的浸信會教堂，讓我有些感傷。我們坐在停車場裡，伯伯和伯母凝視教堂的模樣，彷彿神隨時會降臨似的，兩人眼中的敬畏令我沮喪。也許是他們之間的那股能量，一股我無法形容的悲傷，暗潮般的潛藏在那抑揚頓挫的口音之下。

「親愛的，你上教堂嗎？」重新上路時，荷莉伯母這樣問。我不知該如何回答，只好答會。

約翰伯伯車開得很慢，而且沒開收音機。陽光熾烈，車窗開著，我感覺自己在後座昏昏欲睡。談話沿著安全的主題徐徐流動——大學美式足球、悶熱的天氣——步調緩慢而舒服。

「你在寫家族史嗎？」我提到早上去了檔案室一趟，約翰伯伯便開口問。

「沒有，不算是。」

「你不是作家嗎？」

「我是，」我說，這個話題就此打住。這時你大可以指控我是故事裡的壞人，來意不明出現在伯伯伯母的城裡。

但我並沒有要寫家族史，這是事實。我們的故事彼此交會，其中有些還互相交纏，但我只能為自己的故事負責。

我們一路沉默，直到車子回到我今早遇見那群男人的廣場旁。校園的綠意再次令我震撼，感覺像是走進入學簡章一樣。

「我和羅伊以前每到週末就會騎騾子來這裡的市場買東西，」約翰伯伯說。

「騎騾子？」

「沒錯，大蕭條之後，」約翰伯伯似乎很得意我吃驚的模樣，我不曉得他是不是在唬我。後照鏡裡，他的目光令我有些不自在，但我無意將父親投射在他的柔和優雅與眨眼之上。

「路程多遠？」

「喔，大概三十多公里，」他雲淡風輕地說：「我們那時還小，覺得很愉快。」

「不會吧？」

「不蓋你。」

我知道父親小時候很窮，他年輕時最大的驕傲之一就是存夠了錢去矯正牙齒。我也知道他們家被大蕭條害得一貧如洗，但騎騾子實在有點離譜。或許他的憤怒就來自這段嗟嗟的路上，鄰家男孩坐著車從他身旁駛過的瞬間。但我還沒來得及往下問，餐廳就到了。

為了紀念我的來訪，伯伯伯母特地挑了城裡一家名叫「加州之夢」的餐廳，一家由火車站改建的高級牛排館。車子彎進停車場時，我心想餐廳裡要怎麼夢見加州。我可能什麼也夢不到。

我們剛走到燈光昏暗的黃銅木製櫃台邊，約翰伯伯和荷莉伯母就立刻獲得了盛情接待。「我們常來這裡用餐，」約翰伯伯朝我眨了眨眼，我點頭回應。說來諷刺，這家餐館看上去更像東岸的紳士俱樂部。我想這裡的人就算夢見加州，看到的也是紐約。

侍者帶我們到餐廳最裡頭，桌子對我們來說太大了。點完餐後，約翰伯伯轉頭看我，臉上浮現期待的神情。雖然出於禮貌他沒有問我來訪的目的，但我知道該言歸正傳了。

「我今天去檔案室翻了一下你們家的資料，」我開口道，隨即發覺「你們」這個代名詞意味了什麼，但約翰伯伯似乎沒注意。「你們的祖先是德國人？」

「沒錯，」約翰伯伯靠回座位上說：「他們其實是花自己的錢來的，因為得到贈地資格，所以來這裡定居。」

我腦中浮現騾子與租地耕種的生活，想像羅伊家的人有如伊卡魯斯，世世代代帶著墜落凡間的恥辱，直到羅伊被它激起，一股腦地宣洩在我身上。

「他們那時應該很有錢。」

「應該吧，我想。但你爸和我出生的時候，家裡已經一窮二白了。後來一位城裡人買下我們的房子，但讓我們繼續住著，付房租並幫他看田。」他說完灌了一大口汽水，微微吐了吐舌頭。荷莉伯母優雅啜飲白開水，每喝一口就擠一滴檸檬汁進去，彷彿調味似的。她很安靜，但聚精會神。我很難不感覺她在檢視我。

綁馬尾的侍者從我們身邊走過。「我要雞柳條，」約翰伯伯趁她放盤子的時候說。他看上去就像個孩子，讓我再次驚覺自己從來沒在羅伊身上見到小孩的影子，彷彿他從來不曾年幼。

我抓著薯條吃，努力思考該如何多問一些自己想知道的事：羅伊穿洋裝的相片，還有他們大哥提姆的死。

是什麼讓羅伊毀壞至此，讓他想毀了我？

真是天真，竟然以為找到原因就能抹去糾纏我心靈的黑死病。

「你看得太淺了，」帕珂總是對我說：「別老在腦袋裡兜圈子。」

我看著約翰伯伯，突然心底一寒。每當接近更大的真相，例如聽見酒吧裡某個陌生人對朋友說你要教別人怎麼對你時，我就會有這種感覺。

我一直在寫自己的故事。

我父親是誰，又為何做了那些事？解開這個謎團或許能讓故事頭尾連貫，但那個光著上身在我夢裡奔跑的鬍鬚男絕對是我。而他和跪在人行道上的我一樣，也在等著被放開。

*

約翰伯伯愣愣望著我，我明白該我說話了。

「你們的爸爸媽媽是怎樣的人？」於是我開口說：「我其實不大認識他們。」

「喔，他們是好基督徒，」伯伯切著雞柳條說：「你知道，老爸直到死前還在工作，」他放下刀子，露出一臉玄思的表情。「我是說真的。羅伊有跟你說是他找到他的嗎？老爸心臟病發，半身麻痺倒在地上，羅伊送他去醫院。」

「是嗎？」

約翰伯伯一臉驚訝，隨即恢復鎮定。荷莉伯母避開我的目光。

「嗯，對，後來他死在醫院。」

桌前只剩下刀叉聲，以及（幸好）南卡羅來納大學的學生和家長的說笑聲。

過了很久，我說：「那真是遺憾。」

「沒關係，那已經是陳年往事了。總之，羅伊大學一畢業就離開這裡了。」

「他為什麼要離開？」

「我不曉得。他找到一份好工作，畢業隔天回家說他要搬出去，就這樣走了。」

「你介意我做筆記嗎？」我問他，伯伯點點頭。幸好。

「還有一件事，」他說：「就是老媽死後我們抽空分她的遺物，羅伊只要那把獵槍，其餘什麼都不要。」他搖搖頭。「你爸爸雖然愛打獵，但還是很那個。」

我想起自己曾經坐在家裡壁爐前，望著架在上方的獵槍，注視那發亮的木製槍身和又長又黑的槍管。

我看見哈金斯，看見他手臂顫抖，槍口近到我可以看進那如死亡般漆黑的槍管裡。

「我記得那把槍。」

「沒錯，他只拿了那個東西。」

胸口有鳥振翅的感覺又回來了。

「他小時候是怎樣的一個孩子？」

「讓我想想，」約翰伯伯說。我突然覺得毛骨悚然，好像我們在談論一個已經死了的人似的。「他總是一個人在森林裡，可能是喜歡寧靜吧，我猜，」他似乎不大確定，但隨即笑了出來。「而我多半都在和女孩子鬼混。」

「他上大學之後，你有常見到他嗎？」

「他念南卡羅來納大學的時候，每週都會和我們共進晚餐，」荷莉伯母終於開口了。她用餐巾摁了摁嘴。「我們以前每週日都會邀全家人過來，你父親常參加。」她將銀餐具放到盤子上。「但他當然不想參加我們的婚禮。」

一陣不自在的沈默。

「沒錯，」約翰咬著吸管說：「大哥提姆是伴郎，但羅伊不想參加婚禮。但他後來還是來了，而且坐在最前排。」他搖搖頭，彷彿想甩掉回憶。「真是怪傢伙。」

「嗯，」我勉強咳了一聲。

「我猜他不大喜歡談論自己，」他刻意用開玩笑的口吻說。

「應該是。」

他們等我往下說，但我沒有開口。

「到我們家坐坐吧，」他推開我的信用卡，用現金付了帳說。他眼睛是水汪汪溫暖的咖啡色，跟我父親及弟弟妹妹一樣，獨缺我眼裡的那一絲綠影。「我有東西要給你看。」

*

伯伯家很涼快，跟外頭糖漿般的空氣形成怡人的對比。我努力想著這一點，不去理會心裡只想離開的強烈衝動。約翰伯伯在樓上東翻西找，我和荷莉伯母坐在一片米黃的客廳裡，一張一張沒完沒了看著他們孫子的相片。

「找到了！」約翰伯伯抓著扶手說，看上去忽然非常虛弱。他蹣跚下樓，遞給我一冊硬皮精裝的族譜。這是一位親戚為了家族聚會而製作的。「你想知道的所有關於路易斯家族的事，都在這裡面了。」

看見羅伊的姓氏浮凸在封面上，感覺很怪。這個姓氏曾經用連字號和我的名字連在一起，直到母親帶我去社會安全局為止。辦事員隨手一劃，就將它從我的姓氏裡去掉了。

族譜裡的故事確實值得硬皮封面：可能是我高祖父母的先人搭船從德國出發，乘著海風與鹹水而來。贈地契約、「昭昭天命」、棉田歲月、大蕭條、養雞場到自力經營的車站咖啡館，日出而作、日落而息。祖譜裡紀錄了幾十位叔公姑婆、叔伯侄子和堂兄弟妹，數目之多，可能全是我的家人。

我想像自己每年造訪約翰伯伯和荷莉伯母，在後院享用冰茶，閒聊誰是酒鬼、誰離婚了。伯母拿了另一本相簿和一杯水過來。

「你在這裡，」她指著一張泛黃的亮面四乘六相片說。我看上去五歲左右，站在伯伯家完美的前門邊，笑容跟拿了冠軍一樣燦爛。羅伊的頭髮近乎全黑，母親露齒微笑，弟弟妹妹和我乖乖站在親戚身旁，和這個神祕的家族、他們的信仰、口音和那張坑坑巴巴、飄著雜燴氣味的地毯在一起。

看著相片，我知道自己再也不能讓那孩子失望了。他臉上的哀愁，那體內藏著小小身軀裝不下的祕密的神情，那黑眼圈，還有那悠遠、不屬於這世界的目光。

我在艾莉、史考特和羅伊身上都看得見，接著我抬頭注視約翰——羅伊不是我父親。我看起來瘦小黝黑，他們卻高大白皙，臉有點圓。

我明白這趟旅程還沒結束，即使我早有預感。我再次心底一涼。

「親愛的，你會冷嗎？」荷莉伯母緊緊看著我，讓我一瞬間感覺她知道我在想什麼。

「我很好，謝謝，」我試著將注意力轉回約翰伯伯身上。他正在講故事。

「他會叫羅伊，」他說：「是因為羅伊是鎮上的大人物。」

「是喔？」我沒有提爸爸經常說他痛恨自己的名字。在我知道關於他的五六件事裡，這是其中之一。

「那個羅伊叔叔是怪胎，」約翰伯伯說，隨即好言補上一句：「不過真是一號人物。」

兩盞燈和樓梯的燈光微微亮著，房間其餘地方一片昏暗。荷莉伯母起身開了廚房和其他地方的幾盞燈。我看得出來他們不想讓我走。我感到寂寞，長大後再也沒有過的寂寞。那是一種又濕又悶的感受，我還清楚記得：下了公車遇到雨，全身濕淋淋回到家躺在床上；媽媽和爸爸有如職業拳擊手各據一角，爸爸窩在地下室，媽媽在他們之前的臥室裡。我不想脫光衣服，也不想獨處。我鎖上浴室大門，將水嘩啦啦沖在自己身上。後來媽媽來敲門，我假裝沒聽見，就為了讓她擔心得拉高嗓門，聲音拔尖。

別走，我對自己的身體說。

「所以，那位羅伊叔叔做了什麼？」

約翰伯伯靠回那張顯然是他專用的椅子，一個芥末黃色毛茸茸的東西。「他擁有半個史旺西，穿著打扮卻像個流浪漢！鬍鬚又長又亂，身上臭得令人無法想像，」他的高呼聲和羅伊很像，那種小男孩的嚷嚷。我不自在地動了動身子。

「那位羅伊叔叔曾經用現金買下一輛福特T型車。他聞起來也許像糞坑，但沒人會拒絕他。」

我裝出聽得入迷的模樣。

「我爸媽用他的名字替你爸取名，讓他對你爸特別照顧，經常買糖果給他，特地旅行來見他，甚至有一回還送他一枚銀幣，貨真價實的銀幣。」

我腦中警報大作，直接命中心底埋藏最傷心事情的痛點。「所以羅伊伯伯常花很多時間和我爸在一起嗎？」我問道，但約翰伯伯沒有回答，而是要荷莉伯母去廚房拿茶來。我看著他，看著他那巨大僵硬的身體客氣地朝向我。

他彎身向前，彷彿知道我想問什麼。「真開心見到你，」他說：「時間過得真快，真有意思。別忘了。」他揩了揩濕黏的眼睛。

荷莉伯母拿茶回來了。「對不起，」我匆匆丟下一句便朝浴室奔去。

我關起門，用貝殼肥皂在手上搓滿泡沫，試著整理思緒。羅伊，年幼時的羅伊，可能長得很像我弟弟。我將他們的臉擺在一起，略加調整，小羅伊就出現了——就這樣交到開著福特T型車的怪胎手裡。

跟我一樣，我讓自己這樣想著，直到心臟抽搐，胸口煙火漫射，壓力增升。

＊

回到客廳後，我說：「我明天要早起，還得去找其他……」我不知道怎麼說下去。

「好吧，」約翰伯伯說著吃力地想從椅子上起身。我避開目光，但被他發現了。「你爸也得了關節炎，」他說。

「你們還有聯絡？」我試著掩藏心裡的驚訝。就是因為羅伊完全不想跟家人扯上邊，即使偶一為之也不願意，我才會走這一趟，才會那麼篤定他有事隱瞞。

「嗯，對呀，」他說：「就最近的事，他去年來找過我們。」他看了我一眼。

「你放心，我會跟他說你有來。」

「好，」我說，心裡有一部分很高興。讓他知道我想去哪裡就能去哪裡，再也不會被鎖在房間裡面或外頭了。「謝謝你們請我吃晚餐，花時間跟我敘舊。這對我來說很重要。」

「我們是一家人，」荷莉伯母說。她領我到門口，讓約翰伯伯自己設法站起來。顯然我們不能幫他。「歡迎你隨時過來。」

走過臥房時，她默默朝房裡指了指，只見床邊擺著一台金屬巨獸。

「那是什麼？」

「他去年診斷得了攝護腺癌，」伯母低聲說。

「伯伯還好嗎？」

「很辛苦，親愛的，」她說，我擔心她就要哭了。或許這就是他和羅伊恢復聯絡的原因：性命垂危和住院。我希望羅伊是個好人。我想像他臉上掛著疲憊的笑，替我們搭建樹屋；想像他看見父親心臟病發癱倒在地，彎身將他扛到肩上。

「但我已經搞定這個毛病了，別擔心，」約翰伯伯在我們身後說。

「太好了，」我說。現在想起來，他看上去一臉病容，很憔悴，彷彿已經向自己投降了。

「別隔太久再回來看我們，好嗎？」他說。

「我會的，」我說，而且發現自己竟然真的這樣想。

「時光飛逝，」他搖著頭又說了一次。「世事難料啊。」

我這回抱了他，而且特別用力，因為他說的沒錯。只是我很確定，我和他都曉得我們再也不會見面了。

＊

開車返回旅館途中，我想著羅伊、那頭騾子、那把獵槍和他命危的父親。我可以看見他，隱隱約約，有如喚醒的回憶。不論我有沒有把他的故事搞對都無所謂，只要讓他浮現「人」的模樣就好。

我轉到鄉村音樂台，聽著歌手用粗獷的鼻音高唱著心碎、壞女人和他們眼中的真男人。我很快就學會了副歌，雖然不特別喜歡，卻還是跟著唱，純粹為了感受若我完全不是現在的我，會是怎樣的一個人。

19 南卡羅來納

二〇一〇年八月，廿九歲

隔天早上，離開哥倫比亞的路上幾乎都是空空蕩蕩。約翰伯伯本來提議帶我去看史旺西的那棟老農舍，但我想去可以安靜獨處的地方，遠離鬥雞隊球帽和獵人，尤其避開約翰伯伯那熟悉的悲傷眼眸。

雖然路旁不時出現長滿雜草的混凝土路邊商城、垃圾和雜亂的兩家一棟流動式住宅，天氣卻是晴朗而美好。接近脫衣舞俱樂部時下起熱雨，一到鎮界就停了，正好讓我在正牌的泥土小徑上揚起真正的紅土。這幅殘破的景象、頹圮的白色莊園府宅和光禿田野上盤旋的老鷹，自有一種美感。

我開了好幾公里，在心裡拍下雨雲、牧場、木籬笆和路標。天空放晴後，我停在路旁，注視著往來的車輛，努力思考如何跟羅伊道別才是最好。我知道他不是我父親。我就像頭野獸，可以在濃稠的空氣裡聞出那和我完全無關的生平與血緣。

當然，我需要確定。但要做親子鑑定就得跟那個老頭聯絡，而我們已經十年沒說話了。

一輛皮卡車駛過，接著又一輛，然後是一輛天線綁著美國國旗的破車。我試著想像自己在遠離都市與港口的內陸農場長大，家人就是我的全世界。我閉上眼睛靠著座椅，呼吸著世界的這個角落，這個可說是塑造了我的地方。

這裡沒什麼好看的。反正我也只剩一個地方要去：那個位於荒郊野外的浸信會墓園。約翰伯伯說我祖父母就葬在那裡。我花了不少時間才找到那座很小的教堂，正午豔陽下感覺就像漂白了似的。正在對面田裡除草的男人草草向我致意。炙熱讓我們倆都汗流浹背。我點頭回禮。一人一世界。

我在墓園裡找到了十多個路易斯：幾十年又幾十年的亡者，有死於出生的，也有死於感冒的，還有遠親的遠親。

我環顧左右，確定四下仍然只有我一個人。「嗨，奶奶，」我說。沒想到我竟然會被她的墓石所感動。我摸了摸祖父的名字：李。「嗨，爺爺。」

我們就這樣團聚了，故事彼此交疊，連羅伊的故事也包含在內。來這裡是對的。想感受一個人真正的內在，就要去他長大的地方，造訪他的家人——我的家人，我在心裡糾正自己。

因為媽媽說的沒錯，這一點都不重要。重要的是我能站在他曾經立足的地方。這是另一則物理定律：物質不滅。我們只是不斷回來，看鹿，聽溪，在後院門廊上品嘗冰涼的汽水。

如果我無法被抹去，那我的過去也無法被抹去。如果我想改頭換面，就像許多格局凌亂、地基不穩的房子那樣，那我希望自己的結構能夠誠實，這樣才會穩固。

20 加州

二〇一〇年九月，廿九歲

回到奧克蘭的家，我繼續跑步。

我跑到皮德蒙墓園的最高處，欣賞海灣大橋的燈光在霧裡閃爍。我跑下坡到梅里特湖，再經過喬治・哈金斯案每月審前聽證會舉行的法院。我一直密切關注案子的進展，所以我知道。但我跑得愈遠，四月那天晚上的頓悟也離我愈遠。我想逃離的是另一件事。

我的身體知道。我的身體帶我深夜對著筆電，在螢幕病懨懨的亮光下閱讀睪固酮的作用：嗓音低沉、面部毛髮、易長肌肉和脂肪分布改變。我看了一部又一部的影片，看著比我年輕十歲的男人將一吋長的針頭扎進大腿裡。

風險包括肝功能出問題、癌症和糖尿病。

還有情感關係。

我闔上筆電，將它甩到一旁。我跑步，跑了一圈又一圈。我在小腿的灼熱與肺部的喘息裡尋找自己。

「這不是選擇，」YouTube上的跨性男一再強調：「我只是生錯了身體。」

但真相不是二元體。一切終歸是選擇。

不過，我能理解。我被一股力量推著，這股力量和那天推動我雙腿在四十一街狂奔逃離哈金斯的力量一樣強烈。就是這股力量指示我去南卡羅來納，就是它讓我明明有無數理由對這個世界緊閉心扉，我的心卻依然敞開。知道卻無法解釋的事物有一種絕美。你可以稱之為信念，至少我這麼稱呼它。

*

「你必須為自己而戰，」我和帕珂剛交往時，她不斷告訴我。「不論你在哪裡，」她跟我說：「不論你是誰，你都有權活在這個世上。」

21
加州
二〇一〇年九月，廿九歲

好幾個月前我們剛訂婚時，婚禮感覺就像一個能讓我們打扮像大人，甚至奇蹟似的成為大人的絕佳機會。但現在這個希望只讓人感覺奇怪、不對勁，甚至愚蠢。雖然我們努力完成了清單上的其他項目，訂了香檳與鮮花、和自願擔任ＤＪ的朋友討論、製作戒指，還找了外燴服務，卻遲遲沒有開始撰寫誓詞。

「不過是儀式而已，」最後我實在累了，這麼對帕珂說。

「計畫趕不上變化，」帕珂說道。我們總算開始面對這份失望與事實。如果什麼都可能發生，那我們又能承諾什麼？

是我妹妹讓我們明白這一點的。艾莉是我們的司儀，婚禮前幾週她開始給我們心靈輔導。她的論文在講西藏的天葬，畢業後曾經在安養病房工作，也陪伴過

HIV帶原者，因此很了解無常，建議我們最好學著接受它。

「如果要結婚，」帕珂對我們兩個說：「我不想提『天長地久』，只想提現在。我會敬重你，你也會尊重我，兩人同意一切以我們為優先。」

「看來你們已經把誓詞寫好了。」艾莉說。

「沒錯。」我們異口同聲，簡直就像訓練多年的對嘴表演似的。打從我開始跑步的那幾個月，從那段劇烈的時光開始，這種不約而同就變得稀鬆平常，其餘一切不過是儀式而已。

*

婚禮當天早晨，門多西諾溫暖得有如東岸的夏日。面海小屋的拉門開著，從尤加利樹叢的縫隙之間，我看見親朋好友正努力招呼賓客。他們指揮來車，幫忙拍照，準備食物和搬椅子，同時不忘敲門問我們有沒有地方需要幫忙。

「萬一我變了很多怎麼辦？」我問帕珂。

「那你就變了很多。」

我正在打領帶，不過是躺在床上，而帕珂就躺在我身邊。我的扣眼和她的婚紗很配，能夠這樣出場很棒，感覺就像一個團隊。我牽著她的手，想到弟弟口袋裡的那一對戒指。她的戒指內圈刻著「根」，我的刻著「海」。

「我怎麼曉得我們會一直在一起？」我問帕珂。她看著我，臉上表情說著「你應該很清楚」。的確。

「沒有人曉得。」她說。

這是我們的新起點，在「野生太平洋步道」上方一個風大之處，所有人繞著我們圍成一個歪歪扭扭、缺了口的圓。事後回想起來，我覺得我們在奧克蘭被搶那晚發現人可以既強大又脆弱，讓婚禮變得更加美好。愛不是承諾，而是真理，和海浪一樣不受拘束，和婚禮之後我們手牽手握著排檔桿開車回家，經過的那片紅木林一樣屹立不搖。

22
奧克蘭
二〇一〇年十一月，廿九歲

我告訴治療師跑步的感覺、胸口的空洞、空洞後浮現的痛楚、南卡羅來納、研究睪固酮、哈金斯的每月聽證會、親子鑑定和我還在追尋「怎樣才算男人」的答案。治療師心有定見，臉上掛著微笑。

「也許不是逃離哈金斯改變了你，」他說：「你該問自己的問題或許是：我要跑向什麼？」

我聳聳肩，對他話裡的暗示有些惱怒，因為我知道他說的對。治療師的辦公室位於諾伊谷一棟通風良好的維多利亞式建築裡，我手上拿著裝滿苦薄荷茶、有點泡軟的紙杯，努力「待在自己身體裡」。

「你此刻在哪裡？」他問道，我努力感覺自己的血管、下巴的肌肉和腳板的厚皮。「你在哪裡感覺到自己？」

我知道人類是荷爾蒙——壓力與性。當我們受到攻擊，當我們僵住、無法出拳，就會在恐懼中陷入低溫狀態。當我們在鏡中見到男人，但根本沒有男人，我們就會停住，不想嚇到這個無知無感、固定住我們的世界。

「我的膝蓋。」我說。我感覺膝蓋裡匯聚泉湧著力量與恐懼，想起喉嚨裡的冰霧，想起我不停奔跑時住宅窗戶裡透出的病懨懨的電視微光，還有流竄在我針刺般的兩條腿裡的活力、可能性與驚惶。

我的存活之道在肌肉裡。四十一街一路飄著我腎上腺素的臭味。我的存活之道蜷縮在拳頭裡，潛藏在二頭肌中。它不是悠遠的回憶，而是蟄伏在我體內，獸性而鮮活。它是我誤以為有害的嘶吼，是需要釋放的本能，是無法消滅只能轉化的力量。

*

「所以，」夜深時，我對帕珂說。

她倒了一點威士忌到紅番椒裡說：「以所。」說完就被自己逗笑了。

「我真的考慮注射罩固酮。」

「我知道，」她繼續攪拌，沒當一回事。

「我比之前更認真了，」這件事我們可能討論過十幾次了。

「好吧。」

「如果我真的做了，妳還會想跟我在一起嗎？」我努力不顯露心底有多害怕。我已經不確定她的回答到底有多重要了。「我是說，妳應該會吧？」

「應該吧，」她似乎有點緊張，可能察覺我語氣變了。她的模稜兩可讓我喉嚨一緊。我看起來肯定像是洩氣的皮球，因為她立刻把火關小，打開冰箱倒了兩杯酒，坐下來用她的杯子碰了碰我的。

「敬做自己，」她說。

「敬做自己，」我說。

「言歸正傳，」她說：「我喜歡你現在的樣子，所以不希望你改變。」

「但我想跟妳在一起。」

「我知道，」她說：「所以可能不會有事。」

「妳語氣不是很肯定，」我感覺好遠。

她嘆了口氣。「讓我看看你，」她用手做了一個「轉圈」的動作。「想像一下。」

我緩緩轉動身體。

「嗯，你看起來一樣，」她說。

「就這樣？」

「好吧，讓我說明我的感覺，」她眼裡露出那溫暖哀傷的神色，我看得出她很努力。「我真的很緊張你會變得不一樣，怕你不再吸引我。要是我們才剛開始就破滅了怎麼辦？」

「改變沒有錯，」我辯駁道。她的恐懼裡包含的道理讓我的故事出現了一點雜音，即使我知道她是對的。我看著帕珂走回廚房，動作如流水一般，身體是一個協調的整體，不像我的身體是七拼八湊而成的嘈雜與紊亂。

「時間到了再考慮就好，」她回頭說：「你真的需要現在做嗎？何不再多想想？」

我跟著她走進廚房。「我覺得——」

「你會想出怎樣做才是對的，好嗎？」她說：「我相信你，真的。」

我還來不及制止自己，就開始痛哭失聲。帕珂雙手摟著我，將我緊緊抱住，讓我聽見她兔子般的心跳。過了半晌，我從她濕掉的襯衫上抬起頭來。

「我知道了，」她鑽進浴室拿了一罐睫毛膏回來。

「看著我，」她說完輕輕轉動我的下巴，用睫毛膏在我臉上抹出類似鬍渣的感覺。她咬著毛刷往後坐，仔細打量我。

「我應該會習慣，」她說。

我捨不得離開去浴室照鏡子，便拿出手機自拍了一張：我在前面，帕珂的頭在我肩膀後方。

房裡燈光昏暗，又沒用閃光燈，陰影加上我的白色衛生衣和藍色漁夫帽，將我奇蹟似的變成了我想像的那個男人，那個長大的男孩。我看起來對極了。

「哇，」我低聲道，一隻手在顫抖，目光依然盯著自己。

「嘿，納西瑟斯！」帕珂說，我滿臉通紅放下手機。

「妳覺得我會是個好男人嗎？」我們吃完紅番椒，蜷著身子休息時，我這麼問。

帕珂毫不遲疑。「你覺得你現在是個好人嗎？」

「是，」我說。

「那就是了。」她回答道，彷彿再明白不過。

III

對抗

Fight

23 奧克蘭

二〇一〇年十一月，廿九歲

雷內戴維森法院是石頭建築，造型粗暴，只講求功能。從窗戶可以看見梅里特湖，我趁排隊的空檔望向窗外，心想曾有多少領帶髒污的律師和一臉疲憊的辦事員看我慢跑經過那條路燈照亮的小徑。

「我想打聽某位收容人的消息，」我對戴著厚厚眼鏡的女士說。她紮滿髮辮，穿著套裝，一臉惱怒。

「我不能多說，只能告訴你下一次的開庭日期。」她低頭說道，完全不看我。

我知道上哪裡打聽哈金斯的消息，知道他預定本月出庭，但不確定她還知道什麼，可能是如何聯絡他之類的吧，或是訊問和拖延何時結束、審判何時開始。

我沒梳理的蓬巴杜頭和午休時間穿的皮鞋，跟排在我後面那些身穿寬垮毛領軍大衣和迪士尼套頭衫的傢伙格格不入，讓我感覺很難為情。

那位女士問我收容人姓名和逮捕日期，我如實回答。當她問我哈金斯的社會安全號碼，我發現她以為我們是親戚，心裡不由得想像羅伊進了監獄，在空蕩蕩的會客室裡等人，或許在等我。

「喔！」她對著電腦說道。她的辦公隔間貼滿了一個戴著牙齒矯正器的孩子的相片，以及寫著「背向過去、放眼未來」之類名言佳句的貼紙。我想像窩在這個燈光昏暗的地方一整天，跟可憐的祖父母和心碎的母親交談，不禁為之感動。那位女士湊到我面前，用她之前一直隱藏著的甜蜜口吻低聲對我說：「因為一八七進來的？」

她滿臉同情。**謀殺**。

「對，」我說。

她向我解釋訊問聽證代碼的意思。「跟證據有關，」她說：「可能討論是否納入某樣證物。」

「妳知道審判哪時開始嗎？」

「這你得問律師，」她說：「抱歉沒幫上什麼忙。」

我向她道謝後，便轉身朝那群祖母走去。

「下一次聽證我會來，」那女士在我背後喊道：「冬休就快到了，你可能得等上好一陣子才會再有機會了。」

其他人好奇看著我，因為我是他們裡頭唯一的白人。這個有缺陷的國家、故障的制度，讓我們所有人都帶著悲傷的故事擠在這個悶熱的房裡。

我感覺得到那不安的苦楚、那集體的憂慮在我胃裡扎根。一個戴著長尾頭巾的年輕人朝我點頭致意，我想或許關鍵是找出我們的交疊處。我點頭回禮，成為我想成為的那個人：一個好人，不是為了復仇，而是為了某個更光明的東西而來的人。

24 匹茲堡

一九九八年十月，十七歲

爸爸有時會從城裡另一頭過來看艾莉和史考特。由於安排起來很複雜，搞得我們所有人都很不自在，尤其是我，但不是因為我覺得家人以為的那些理由。

我始終沒有勇氣告訴他，說我想要他開車載我去一個充滿象徵意義的地方，例如過了橋的那片草原。我們放學後都會去那裡抽大麻。那裡可以看見飛機起飛，可以假裝自己是另外一個人。我希望他說：「我不是一直都是這種人。」我想要一個密碼寫成的寓言，想學會綁誘餌，跟他互毆，打斷他的門牙，然後抽一根菸，讓整件事徹底了結。

但他只會朝我點頭，而我也會朝他點頭，然後上樓回臥房肆無忌憚地抽一根私菸，打包一星期的行李。

十月某一天，我正想打電話給死黨，他忽然喊我：「嘿。」我想問死黨能不能載我進城，否則我就搭巴士，走那條長長的俄亥俄河大道，一路戴耳機數煙囪，想像更大、更美的城市。

「來吧，我有東西要給你看，」他穿著那件棕褐色工作夾克聳聳肩說。我努力回想我們上一回不只插科打諢是什麼時候。

自從他手指架住我大腿之後，我們的身體都變了。年紀讓他頭髮更白、動作更僵硬，而我外表太像年輕男孩，幾乎忘了差別所在。只有偶爾經過鏡子前，才會看見不應該出現的身形，一個看起來像我、但完全不是我的陌生人，讓我心頭挨了一記悶拳的陌生人。

我跟著父親走到玄關，一邊維持適度禮貌，一邊盤算著今晚：打電話給女友，她是住在匹茲堡的鑰匙少女，她父親不知為何竟然無條件准我在她那重新裝潢過的豪華地下室臥房過夜。我們會去街上那家小館子吃飯，她可能會對我忽冷忽熱，說自己愛上了今年夏天邂逅的某個男孩。她肯定知道這只會讓我更喜歡她。

「我有東西要給你，」他綁著靴子的鞋帶說。我雙手插在過薄風衣的口袋裡，假裝恨他，也真的恨他。

「真好，」我們倆之間的古怪讓我彆扭。

他打開門，秋天的森林氣息迎面撲來，一輛四四方方、坑坑疤疤的二手褐紫紅色道奇「無畏」轎車就停在車道上。

他臉上露出和那天帶著特地為我挑選的引擎模型回家一樣的笑容，將車鑰匙遞給我。

「不會吧？」我問道，父親點點頭。那一刻感覺一切都會有所不同。

媽媽開門環抱雙臂走了出來。他們倆看著我，讓我突然精疲力竭，感覺到腳底下刺刺的碎石，還有被一輛無法彌補任何事的車子的輪胎壓碎的葉子。

我將背包扔到前座，然後坐進駕駛座裡。「謝啦，」我說，好像這沒什麼。

「我們想說保險和油錢由你自己付。」他語氣是那麼提心吊膽，讓我氣得把愚蠢的淚水眨掉。

「你喜歡嗎？」媽媽站在門口說。我知道她一直想給我正常的生活，而這就是她愛我的方式。

「嗯，」我說，伸手弄著收音機。

「那就好，」她說。我沒忘了對她喊道：「謝了，媽。」沒忘了叫出懂事的我，而且我是真的心懷感激。

「開車小心，」她輕聲說道，接著便關上大門。

車道上只剩爸爸和我。他臉上掛著皺巴巴的希望。我心裡轉過了悲傷、厭惡與柔情，最後開始倒車，伸手抓著前座的椅背往後看。

「等一下，」他說。

這就是我在你身上看到、讓我想起自己的東西。

一陣冗長的沉默之後，「你偶爾要加高級汽油，」他說。「我是說，除了廉價汽油之外，這樣引擎才跑得順。」他咳嗽一聲，像拍狗一樣拍了拍車子。

這是他唯一給過我的建議。

我將經典搖滾樂的聲音開大，免得聽見他往下說。「掰掰，」我開口說道，一邊從菸盒裡敲出一根菸塞到嘴裡，用空著的手點上，心底再給他一次機會，無比希望他能像個父親，對我再次喊道：「等一下。」

25 奧克蘭

二〇一〇年十一月，廿九歲

冬天來勢洶洶，濃霧來得很早，大雨濕透了我的牛仔褲。工作結束後，我走路回家。身為就業輔導員，這份工作我做來既不夠格也不適合：我老是擔心客戶，害怕坦雅和女兒分開，一個人待在遊民收容所，擔心剛被超市開除的勞倫斯開始翹課。我的下午過得亂七八糟，不是家裡缺洗衣精的高中生，就是不會讀寫的孩子、家長不讓他們念大學的孩子、父親過世的孩子，還有即將成為父親的孩子。

我走出大樓，這裡離哈金斯槍殺康晉宏的地點只有三條街。康晉宏，一名擁有物理學位和三個孩子的虔誠信徒，生活簡單，只有一套西裝，他妻子這樣告訴《華盛頓郵報》的記者。他什麼都能修理，她說。一個男子漢、愛家男。

我讓自己身體變冷，雙手深深插在口袋裡。幾名佝僂的老婦人在等公車，一群外套厚得和天氣不搭的少年在打鬧，幾個嗑藥嗑到蹣跚恍惚的傢伙對霧濛的雨渾然不覺，還有幾個身穿高級Northface外套的男人滴雨不沾。

我從他們面前走過，想著哈金斯下週的開庭時間。我想去，但是不確定原因。「感覺想去，」帕珂用她一貫不以為意的態度說：「那就去呀。」

我經過穿連帽運動衫的、穿髒牛仔褲的、穿西裝的、沒牙齒的、脣紅齒白的男人。我聽說注射睪固酮會啟動不同基因：一個決定你會有多少毛髮，另一個決定肌肉量。

我望著一群男孩在路口附近的人行道上打打鬧鬧，離車子太近了。他們像一群小國王，讓車子被迫閃躲，直到其中一個小鬼差點被撞，他們才停下來。你可以看見他們忽然察覺自己身體的極限，即使只有那麼一瞬間。

男人啊。我們只受彼此間的界線約束。我若想找到自己，就得找到羅伊。

*

這事比我想得簡單。谷歌一下就找到了奧勒岡州班德市的湯普森建設公司，而羅伊就列名為工地副主任。我毫不懷疑這個羅伊．路易斯就是他。他從我小時候就在建築業了。我小時候，老師每回問我長大要做什麼，我都回答機械工程師。

我研究工地手冊，上頭寫著「精確、信任、效率」。

帕珂替自己調了一杯雞尾酒，走到廚房門口看著我。她身體背光，只看得到影子，頭髮在最後的夕陽微光下金得近乎純白，有如鬼魂或天使。

「妳看起來好像天使，」我說。雖然瞇著眼，我還是看不到她臉上的表情，但我知道她忍不住笑了。

「少來了。你在幹嘛？」

「寫信給羅伊，」我努力維持語氣平常。我知道自己看起來很狼狽，頭髮有點亂。她趁天暗前將燈打開，隨即回到門口用驚人的無動於衷看著我說：

「喔。」

我對著空白的電郵坐立難安。我想知道帕珂是否打從心底相信有好男人存在。我還知道，就像我明白自己會去南卡羅來納卻說不出道理來那樣，我還知道自己不敢開口問她。

「所以，」於是我說：「你覺得怎麼問候兒童性侵犯最好？」

她笑了，沒什麼被嚇到的感覺。「我覺得一針見血最好：你性侵我是因為我是女孩嗎？我認為我是男的，但不確定你和這件事有多大關係。」

我愣愣望著她。「妳怎麼會知道？」

她放下雞尾酒。「你又沒那麼難猜。」

「妳覺得他討厭女人嗎？」我說出來才想到有這個可能。「然後因為他討厭女人，所以我討厭自己？」

驚嚇僵住的感覺又來了。就像哈金斯叫我滾吧之前，就像我知道故事需要調整的部分一直都在這副身體裡之前那樣。

「嘿，」帕珂走到我面前說，語氣裡的無禮消失了。「你的性別一直沒變，好嗎？它不是加在你身上的東西，它就是你。」

「我知道。」

她彎腰伸手摟住我，將頭靠在我肩上。我感覺臉頰有她微帶酒氣的呼吸。

「但你要是真的願意相信，我們現在就不會談這件事了。」

「我沒有妳該怎麼辦？」

她聳聳肩，在我身旁坐了下來。「可能還是跟現在差不多。」

「我不認為。」

她笑了。我知道我們倆都沒說錯。「要不要寫『嗨，你願意做親子鑑定嗎？』？」

我整個人閃過一絲哀傷。我想起我的客戶，那個快當爸的孩子，他知道胎兒是女孩的時候有多歡喜。

「哈囉，羅伊，」我寫道，沒有喊他**爸爸**。我不想再堅持下去了。就算事實證明他確實是我的生父，我也不想再撒謊說他是我父親了。

26 奧克蘭

二〇一〇年十一月，廿九歲

三樓法庭外，法警要我們在陰冷的前廳等著。他的平頭和鬆軟大臉給人一種活潑愛開玩笑的感覺，讓我看了就煩，但其他人只是前後挪動身子，茫然望著他，忍受那傢伙的高傲，等他退開。「不准對收容人比手畫腳，」他說：「也不准用任何方式跟他們互動。」

他目光掃過我們的臉。「收容人知道你們是為了他們來的，」他說，語氣近乎溫柔，接著總算把門打開。

犯人們銬著腳鐐在平台上排成一列，站在短木欄後方。十幾個人垂頭喪氣，穿著顏色和復活節彩蛋一樣鮮豔活潑的囚衣，而我們則是坐在教堂那種靠背長椅上，上頭全是趁法警不注意時刻下的姓名縮寫和話語。

釋放提許

R和L永遠在一起

暖氣奮力工作，窗玻璃上爬滿凝結的水氣，法庭裡彌漫著原始的悲傷，一股可怕焦躁的能量。我試著將注意力擺在收容人身上，而不是坐在我身旁的夫妻，兩人看來憂愁又茫然。

他們說故事情節有兩種：異鄉人和離家者。我想起在約翰伯伯家那晚，想起這樣看來或許我才是故事裡的異鄉人，潛在的惡徒。我想起我那位剛剛有親戚在城裡被槍殺的客戶。就我所知，兇手可能就是我們面前那個靠著椅子的小鬼，雖然有嬰兒肥又嘴唇顫抖，卻裝作一點也不害怕。

我和帕珂一看到新聞裡哈金斯的大頭照，就立刻打報案專線，但我在剎時如釋重負的瞬間，卻也明白自己不會送任何人入獄。司法正義對我而言太像報復。我想像羅伊在馬桶旁邊的水泥地上做伏地挺身，心裡頭一回慶幸自己十歲那年有機會報仇，但沒有選擇那樣做。

等候法官時，我發現艾兒西亞·郝斯利也在。她是哈金斯的女朋友，涉嫌同謀。我們遇搶時她不在現場，但我忍不住揣想她是我被放走的原因，不論哈金斯出於什麼理由放我一馬，都有她的影響。她看上去神情狼狽，很是悲傷，眼影卻出奇鮮豔。我看過監視錄影畫面，他們倆在奧克蘭市中心快步離開康晉宏的遇害現場，攝影機清楚拍下她的臉，而他的臉則被黑武士裝的連帽遮著。

艾兒西亞槁木死灰的模樣，讓我想起之前他們上遍新聞的時候。沒想到她本人竟然和新聞裡一模一樣，彎腰駝背，嘴角鬆垮。她站在那群頭髮斑白的無名男子和那個兀自對著法庭訕笑的少年之間顯得格外突出。還有喬治．哈金斯，我終於認出他來了。

少了寬大的連帽遮臉，他身材比我印象中小得多。根據逮捕紀錄，他身高一百七十五公分，體重八十六公斤。「他很高，非常高，」遇搶那晚，我這麼對警察說：「而且塊頭很大。」其實他只比我壯一點。我想像自己和他互毆，一拳打在他身上讓他站立不穩，接著再一記漂亮的右勾拳正中他長滿鬍渣的下巴。

他目光死死望著前方，不理會律師狐步一般走在他身旁，在他耳邊竊竊私語。我等他發現我，結果他沒有，於是我望著掛在法庭牆上那面巨大的美國國旗，數著國旗上的星星，努力將氣吸到肚子裡，然後吐氣。

驚惶浮現在我視線邊緣，我的心臟跳得愈來愈響、愈來愈痛，彷彿想要脫逃，不論我跟不跟著它跑。

別走。我逼自己再次看著哈金斯：我的鬼魂，不過就是個男人。我們四目交會，兩人剎時成了鹿與獵人，雖然不確定誰是什麼，但我感覺自己再次被他的目光釘住，心臟撲通狂跳，腦袋變成一團棉花，所有吱吱喳喳、咳嗽細語全被擋在外頭，不斷分裂，直到法庭以幾分鐘前還沒有的方式鮮活了起來。我和他都紋風不動。我不想動，不想將目光移開。

27 匹茲堡

一九九〇年，十歲

警長來訪後不久，我有天趁著母親躺著休息時爬到被子上，躺在她身旁。我其實已經大得不適合這樣做，但是暮色令人感覺暈眩，而那些發生在已逝時光的事，我的記憶既沒有徹底消失，卻也不完全存在，這樣的失憶令我瘋狂，感覺像被抹除了一般。

「媽？」我開口說，她伸手將我摟到她懷裡。我們很久都沒說話，害我心想她是不是睡著了。

「你的金核就在你的中心，」她突然轉身伸手貼著我的心房說：「你有感覺到嗎？」

我望著她，她身上飄著薄荷牙膏的味道，頭髮搔得我額頭發癢。

「你在中心裡是完美的，知道嗎？沒有人能動它，也沒有人能奪走。」

她手指的地方感覺就像冰滴，沿著洞穴岩壁滑落的水珠，感覺一點也不金，但我不敢說出口。

「答應我，你會永遠記住，」她說：「好嗎？」

我點點頭，聽著她的心跳和胃裡的翻攪。她摁著我的胸口，彷彿想做下記號。我壓住自己的骨頭，感覺壓力在釋放。那是一股甜蜜的痛楚。

我按著那個柔軟的地方，心裡期盼著。

「好嗎？」

我知道她在害怕。她每回從副校長室救我出來，我都能感覺她的焦慮嗡嗡作響。但她從不懲罰我回嘴或加油添醋，而這只讓我感覺更糟。

她輕輕搓我的背。絕望在我胃裡發酵。我一方面知道自己有神祕之處，就在她指著的那裡有一個無限寬廣的開口，容得下無家的老人與哭泣的母親，一種感覺與生俱來的柔軟，一個另外的自我。

另一方面，我擔心自己被感染了，有如得了狂犬病的野獸。我擔心自己會眼神死寂地醒來，體內被他種下的東西（不論那是什麼）開始發動進攻。

「好，」我說，但不是因為我真的那麼想。

「金核。」她又說了一次，聲音清楚有力，彷彿察覺我未來二十年心裡會不斷浮現的自我爭執，彷彿知道我終有一天會明白，一切都取決於看事情的角度。

28

奧克蘭

二〇一〇年十一月，廿九歲

我屏住呼吸看著哈金斯望著我，身體跟之前一樣不斷上飄。**快跑**，我心想，但不行，我不會離開。正是跑將我推到此時此刻，讓我再也不用僵住或消失。有人吸鼻子，有人扭動身體弄得座位吱嘎響，還有零錢的沙沙聲從我背後傳來。

別走。

我感覺襯衫纖維緊貼胸膛，接著是脖子上一股寒意和腋下的濕氣。我感覺右眼皮緊張抽搐，肩膀下垂，趾尖抵著鞋子。這一切都證明我活著。

咻的一聲，聲音再次模糊吵嚷回到我的耳中。我專心看著哈金斯的下巴、棕色眼眸和略黃的牙齒，呼吸平穩下來。我可以看見自己手指扣住他的脖子，但我相信他的身體和我的一樣值得被愛，相信他和羅伊跟我沒有不同。不是因為我們是怪物，而是因為我們都有機會超越發生在自己身上那些最糟的事。

只要掀開法院的屋頂，以閃電般的速度上升，我們都會消失。你知道嗎，也許那就是天堂。在那乾燥炙熱的法庭裡，我覺得天堂或許是個比喻，象徵你死時得到的恩典：一個看事情的角度。

「庭訊開始，」法警大聲宣布。他的聲音切斷了我們的互相注視。「所有人起立。」他說道，所有人站了起來，我心裡浮現了教堂。

29 奧克蘭

二〇一一年一月，廿九歲

這天工作時，剛當爸爸的朗尼回來說他女朋友搬到南方，連寶寶一起帶走了。他睡眼惺忪，一臉疲憊，彷彿除了喝酒什麼也沒做似的。我之前幫他在艾默利維爾一間超市找到工作。他說那工作沒了。

「小姐，我該怎麼辦？」我強自鎮定，不讓自己發抖。他哪裡會明白語言的凌遲愈來愈嚴重，光是那個詞就會讓我像全息圖一樣打顫，哪裡會知道我每天晚上躺在床上，腦袋裡嗡嗡響著一個奇怪的感受，我的身體對我另有安排，連我的心靈都不知道。

朗尼不是孩子的父親，至少我開始這樣覺得。他的檔案裡註明他有發展障礙。我知道這不代表什麼：我有許多客戶當初會受特殊教育，是因為沒人教他們閱讀。但我協助朗尼做過不少線上求職申請與模擬面試，知道他腦袋不清楚和好騙的程度。他很容易受人操弄，而他這幾個月來描述的事情發展感覺就不對勁：她對他不忠，迴避見面，還跟人說孩子不是他的。朗尼講起每一件事都帶著同樣的遲鈍與震驚，眼裡充滿不可置信。

「她跟我徹底斷絕關係，」他說：「還說艾莉卡不關我的事。她為什麼要那樣說？」

「你拿得到探視權嗎？」

朗尼搖搖頭。

「朗尼，」我小心翼翼地說：「你確定她是你的孩子？」

他眼神是那麼驚訝、那麼猶疑，讓我只想把剛才的話吞回去。我比誰都清楚這個問題的答案既私密又複雜，無足輕重卻又比什麼都要緊。

「嗯，」他頓了一下說：「法院說需要驗血，但她不肯，現在她又走了。」

我喃喃說了幾句我們倆都知道站不住腳的話。「我只是想寄尿布錢給她，」他用襯衫袖子抹著臉說。

「這我可以幫你，」我對他說。我知道西爾斯百貨在徵人，家得寶可能也是。「你是好父親。」我說。

他終於露出笑容，咧嘴笑得燦爛。接著我們開始辦事，因為無論他是不是爸爸，都想當個父親。

*

朗尼離開後，我在辦公桌前坐了很久。

雖然我和羅伊上個月就寄了口腔拭子給檢驗公司，但對方還沒回報結果。我告訴自己是因為太忙才沒追蹤進度。我和帕珂準備搬回東岸，兩人的生活幾乎淹沒在對未來的想像和為了那樣的未來做準備之中，包含訂機票、找搬家公司和舉辦院子拍賣。

不過，老實說，我不是真的很想知道。處在這種「介於」的狀態感覺很對：他永遠是我父親，也永遠可能不是。說也奇怪，這讓我感覺到一種可能性，彷彿他可以被答案拯救一般。

「放下希望」，我看著自己寫的便利貼，看它在暖氣口下方輕輕搖晃。我在某本書上讀到這句話，意思是希望不是重點，它要嘛會發生，要嘛不會發生，人無法創造新的現實，只能從現有的現實當中創造真實。

＊

我玩著電話線，等疲憊的女接待員回覆。她離開很久，讓我好幾次想掛掉電話，但是不行，因為朗尼剛來過辦公室，願意承受命運給他的任何安排。

「看起來——」她語帶遲疑，我立刻就明白了。我就像小時候和我爸爸玩接球一樣，試著把握這最後一刻，最後一次想著「他是我爸」的機會。

「我們排除了那人是生父的可能。」

漫長的沉默。飛揚的砂礫、引擎模型和抓住我的那雙結節手接合在一起。我明白了。「好的。」

我望向窗外，看著城裡嬌小的摩天大樓。幾條街外，監視攝影機拍到了哈金斯鬼魅般悄悄朝十九街火車站走去。

接待員說她會寄一份正式報告給我，但若是為了法律用途，我就必須親自跑一趟去做檢查。雖然只有一瞬間，但我異想天開地想，或許羅伊拿棉花棒刮的是別人的口腔。

「結果有多準確？」最後我問道，可能打斷了她正在絮絮叨叨的指示。

「百分之九十九點九九，」她說，顯然很自豪，但隨即笨拙轉成同情的口吻：「還有其他需要為您服務的地方嗎？」

老實說，誰死、誰生，這一切隨機得很。

沒有了，我對她說，就這樣。

*

辦公室空空蕩蕩，我看見樓下有人開傘，有人拉緊連帽將臉包住。我努力克制扔東西到窗外的衝動，忍住奔向漸暗天色的渴望。我吃力穿上外套，搭電梯下樓出去到街上，彷彿被磁力牽引一般走過咖啡館、藝廊、藥房、速食店、移民律師事務所、保釋保證及支票兌付處，一直走到十九街和韋布斯特街口。

康晉宏就是在這裡，在牙醫診所對面流血至死。那個人原本可能是我。我審視人行道的質地，手指摸著那沙粒般的表面。我跪在變硬的口香糖和瓶蓋之間尋找血跡，直到候診室裡一名孩童從觀景窗看見我。

我站起來，膝蓋有一點鼓脹，伸手用手指撫摸胸口的痛處。它就像個結，每一摁都會閃現悲傷。我一邊摁著胸口一邊沿湖漫步，接著走過雜貨店、新的集合住宅、電影院和自助洗衣店。我不停摁著，直到身體充滿溫暖的光，神祕自然一如自由。

IV

儀式

Rites

30 奧克蘭

二〇一一年一月，廿九歲

在大名麥克的白鬍子教練調教下，我學會了舉重的正確方式。麥克擁有一輛皮卡車和一把獵槍，我滿確定他不大注意我的性別。他從來不曾叫我「兄弟」，但也不曾喊我「女士」。

他講話很有哲理，但很粗魯。我跟他提到被搶的事，他說他曾經掏槍對著人過，某個想搶他車子的傢伙。還有一回他被別人用獵槍指著，雖然自己手裡也有一把十二厘米口徑的槍，卻兩腿發軟像果凍一樣。「它讓我感覺很渺小，」他說。我不確定他說的是自己的還是對方的槍，或許兩者皆是。

「你覺得自己已經很壯了嗎？」他看我做著自己兩倍體重的硬舉，咧嘴笑道：「你還差得遠呢。」

麥克很像那種瘋叔叔，既是生存挑戰家，又是無腦肌肉男。「多吃蛋白質！」我每回健身完畢，他都會朝我吼道：「每天吃一顆蛋，你就會全身肌肉。」

我跟他說我希望胸部更寬，二頭肌更大，但他卻只在意我的核心肌群。「你手臂肌肉太長了，」他惋惜地說：「而且不是男人，胸肌真的很難練。」他出於尊重刻意避開目光。「但核心肌群不一樣，反正那才是力量所在。」

他教我如何出拳，如何從肩膀使力。「感覺到了嗎？」他戳著我的軀幹說。健身房裡汗水蒸騰，我們站在鏡子前面，洛克里奇大道的耀眼陽光照進這個滿是霉味的地下室空間。

我忍不住想到我媽，想到我胸骨下的軟點。我可以想見她讀著我做完親子鑑定寄給她的信，喝著威士忌蘇打緩和衝擊，即使身旁沒有人，依然用那令人難堪的方式哭泣。我只想知道真相，我在信裡說，但我其實並不確定。

我不希望她自責，她總是太過自責。我在信裡也寫了這個。我想重新開始。但我擔心她不會回信。想到對她而言，她長久以來一直告訴我們倆的故事可能比我將要變成誰還重要，就讓我氣憤難消。

光想到這件事就讓我下顎緊繃。「嘿，老兄，專心點，」麥克命令道。

我收回拳頭，但剛才那一擊打在麥克伸直的手上肯定很重，因為他臉糾了一下。

「看到沒有，這就是核心肌群。別人講什麼你都別聽，」他說完就叫我繼續到沙包旁做伏地挺身。我望著自己的臉出現在鏡子裡，感覺兩腿像山一樣沉，像月亮上的岩石一樣陌生。

我閉上眼睛，努力感覺腹肌如繩索般拉緊，收束成一座碉堡將我圍住。「你得先扯斷肌肉，」麥克說：「肌肉就會自我修復，變得更壯。」

我很難想像他從皮卡車的頭靠後方掏出獵槍。他覺得自己可能會嗝屁，他說，但還是舉槍對著探頭到他車窗裡的男人，接著趁對方還來不及反應，就加速駛離了停車場。

「我當時或許不該掏槍的，」他反省道。他幾週前告訴我這件事，現在又提起同一個話題。他站在我身旁，看我仰臥推舉區區二十公斤的槓鈴，我不曉得他為什麼又舊事重提，可能因為意識到我們體型的差距吧。他比我高十五公分，重七十公斤。「但我活下來了，所以沒什麼好丟臉的。」

我想起自己在羅伊手下僵住和在哈金斯槍下僵住的感覺，想起我知道自己需要的東西就埋在逐漸長大的「我」的核心裡。

「遇到這種情況，害死你的不是恐懼，」他說：「而是你如何反應。」

31 圖盧姆，墨西哥

二〇一一年二月，三十歲

帕珂穿著條紋上衣、戴著墨鏡在飛機上，看上去容光煥發，讓我真希望自己穿得體面一點。「我們明天去看遺跡，到海邊，再去逛一下市區，」她說，接著道：「好吧，去海邊就好。」她靠著座椅，目光被窗外的景色吸引了過去。「看那海面，」她下達指令，於是我們一起望著下方那湛藍的墨西哥灣。

「妳就像個龍捲風，」我說，這是一首歌的歌詞。帕珂笑了。

我沒有告訴她自己對泳裝有多焦慮，簡直到了庸人自擾的地步，半夜上網搜尋睪固酮更是偷偷摸摸到了最高點。還有羅伊也來插一腳，寫信說他希望我們搬去東岸前可以和我見一面。我可以從奧克蘭出發，往北開到奧勒岡，之後再離開西岸。「不論你問什麼，我都會老實回答，」他寫道。

再說吧，我心想。有些問題活在你已經失去的那部分，用力撞擊你費心打造用來守住它們的事物。

我試著翻閱機上雜誌，不去想羅伊和我的胸部。這兩件事感覺大有關聯，彷彿我不在現實生活中面對他，就無法讓自己的身體男性化一樣。與此同時，鏡子裡的雙重男子愈來愈明晰，而我現有的較柔和的臉愈來愈透明。我知道哪個身體才是幻影。

帕珂對我微笑，露出了可愛的尖細犬齒。我知道我得告訴她，就算她說她還是會跟我在一起，其實她也說不準，很難講，再也不會比我更清楚。

於是我們又喝了一杯琴湯尼，欣賞飛機下方海面的皺摺與閃光。我試著什麼都不想，專注於當下，這個飄浮於一切之上、置於一切之上的完美時光。

*

「兩位是夫妻？」櫃台問道。他皮笑肉不笑，臉上稚氣未脫，嘴角有些刻薄。我狠狠瞪著他。

「對，」帕珂回答，語氣有禮又帶著警告。

「好的，」櫃台說：「只是確認一下。」他將鑰匙遞給我，客套得近乎嘲諷。「所以兩位是蜜月嗎？」

「沒錯，」我說：「難道貴旅館是第一次接待蜜月客？」

他閉上嘴巴，雙唇緊繃。之後他給了我們瑪格麗特，讓我們到沙灘上坐著，一邊聽墨西哥街頭樂隊演奏，一邊徒勞地打蚊子。我們走過時，刻意不理會他和侍者們吃吃竊笑，用西班牙文說著 *Buenas noches, señoritas*（晚安，女士們），語氣裡帶著放諸四海皆準的濃濃惡意。

雖然有那傢伙，但那一週我和帕珂還是整天在海灘上閒晃，享受奢華的度假村。香蕉吊床上的男同志對我們毫不理睬，我穿上衣或不穿都無所謂。我生日那天，我們去了水肺潛水，潛到滿是活珊瑚的水底洞穴。我們倆差點嚇壞了，被水底下呼吸的感覺和面罩零件碰撞及嘶嘶聲搞得心驚膽跳。

「我們非潛不可，」我對帕珂說。我們真的下水了。

「走吧。」我們練習過、驚慌過又練習過後，教練拋下這樣一句，就轉身讓我們自己決定要不要跟他走。我們從梭子魚寶寶和小丑魚身旁游過，穿越一道道陽光，吸到的空氣雖然壓縮了，但很可口，身體雖然脆弱，卻被體內每一個動物細胞支撐著。

後來，我們在海濱小屋欣賞一群海鷗在海上獵食。牠們俯衝而下，嘴裡叼著魚從浪裡出來，宛如奇蹟一般。我們租了一輛摩托車，在蚊子群裡奔馳，星光清澈明亮照耀著我們。

我躺在茅草屋頂下，試著想像一切都沒改變，卻怎麼也做不到。

我明白自己的身體沒有未來。這想法讓我暈眩窒悶，感覺就像太空梭的助推器脫離，我們所有人仰頭觀望，明白自己被留在地球上什麼也不能做，只能禱告。

＊

那一週快結束時，我在水底試著甩脫假期告終的感傷。我胸口變得粉紅，於是便翻個身子，仰頭讓臉浮出無聲翻騰的海面。帕珂在岸上，旁邊兩名頭戴棒球帽，鼻子塗成銀白，穿著不合身泳衣的美國人正在擺東西。我可以從她僵直的背影看出她很緊張，擔心他們看到我沒穿上衣會是什麼反應。我知道她也會永遠為我和我的特異身體擔心害怕；在海邊、在急診室，還有鄉下地方的沐浴間。

我們剛搬到奧克蘭時，一名跨性別女子被人棄置在高速公路的出口斜坡上，有如二手床墊或舊沙發被扔在路肩。我經常開車經過那裡，最後發現自己竟然在意起那女子的屍體，想知道它去了哪裡。

另外就是布蘭登．提娜事件。這位跨性別青年在內布拉斯加被女友的哥哥夥同友人殺害致死。他就像幽靈在我心頭徘徊不去，因為我也可能是他。

帕珂用手遮眼朝我看來。我很想在水裡待上幾小時，變成皺巴巴的梅子，直到那兩個美國人消失為止。但我告訴自己，那對夫妻看上去並不危險，可能會探頭探腦，頂多無禮一點。

我想到麥克說重點不在恐懼，而在於如何反應。我讀過男子成年禮的介紹，這些儀式幾乎都和戰爭有關：穿刺、刺青、膽量考驗，還有靈境追尋，將成年視為一種屬靈的連結。不論何種文化，男性都有分離階段（男孩獨自行走、過渡時期），既不是男人也不是男孩，而是介於中間，直到他重新連結，重返群體，被視為全新的人。

管他的，我心想。我在深及大腿的海裡站了起來，開始朝岸上走。那兩名觀光客目瞪口呆望著我。我走到自己再也承受不了，開始在愈來愈淺的水裡半游半爬，有如擱淺的鯨魚胸口貼著沙地滾上岸邊。

我看見帕珂拎了一條浴巾來給我。那一刻我明白不會有神明相助，也不會有天賜良機或任何徵兆告訴我睪固酮會讓我變成好男人，沒有檢驗能確定我會更快樂或更完整。

「你還好嗎？」她低頭問我，用浴巾將我像墨西哥捲餅一樣包起來。「對不起。」

「對不起。」我說著將浴巾拉緊。我知道這條路或許只能由我一個人走，但再也不會有人能讓我趴下。

*

在坎昆機場的吉米巴菲特主題酒吧，我們看著一群大學生用塑膠杯子喝著價錢離譜的啤酒，喝得臉紅脖子粗。女廁前站著一名塗著凝膠指甲油的女士，有如衛兵一般。她好奇的目光激怒了我。我坐在廁所對面的登機門前，等她一從廁所出來，我就摘下棒球帽，然後再戴回去。她男友從男廁出來，身材跟美式足球隊線衛一樣魁梧，兩人並肩離開。但當我站在兩個廁所之間，卻無法決定該去哪個。

「我真的沒辦法，」我回到登機門前對帕珂說。帕珂放下她在海濱小屋衣櫃裡找到的格雷安．葛林的小說。遠離塵囂和灌木叢暗影一週之後，她現在既毛躁又疲憊，完全不想回奧克蘭。

「沒辦法什麼？」

我在她身旁坐下。「我要去變性。我是說，我覺得我必須變性。」

她眉毛一挑。「你剛才決定的？這麼快？」

「我是認真的，帕珂，」我怕帕珂會說她並未同意，不算有，說我許給她的承諾裡頭包含她嫁的這張臉。

「等一下，你這回認真了？」

「嗯。」

她皺了皺眉，雖然時間很短，但我看到了。她欲言又止。我可以看見自己將我們兩人捲進了那「介於」之中，讓她也必須做出選擇。

「如果你是認真的，我們會克服的。」

我試著不去想像她心底的想法。「**你得讓人愛你**，」我的治療師老是這樣說：「**你想跑向什麼**？」

這時，那間難看的機場酒吧再次響起吉米．巴菲特的〈瑪格麗特村〉。我和帕珂笑得有些過了頭。

「所以呢？」我問，尾音懸在半空。

「老實說，我怕死了，」帕珂回答：「但我要是因為你這份坦承而離開，那我就根本不了解你。」

「謝謝妳，」我努力不顯露內心的澎湃。

「欸，我們去點瑪格麗特吧。我想我們需要喝一杯。另外，我還要一個吉米巴菲特的紀念杯。少了小紀念品和變性手術，就不叫度假了。」

「我知道妳不希望自己的人生是這樣，」我說，不想讓她用玩笑帶過。

「我的人生是我的人生，」她說，語氣轉為正經。「你的人生是你的人生。」

我知道她說的對，但還是心緒難安。

「所以妳沒辦法承諾我什麼，」我明知故問。

「事情就是這樣，還記得嗎？」她引述起我們的婚禮誓詞。「我永遠不會妨礙你成為你自己，但除此之外，我無法承諾你任何事。」

我感覺自己彷彿看著太空梭脫離。不對，我感覺自己就像太空中的太空人，朝地球和地球上的所有人豎著拇指。如果世上真的只有兩種故事，那麼有件事也一定錯不了，就是你有時既是英雄，也是異鄉人。

吉米巴菲特酒吧傳來一陣醉醺醺的歡呼。

「謝謝你，」我對帕珂說：「妳真的對我很好。」

「很好，」帕珂說，眼睛沒有看我。我知道她可能在偷偷把眼淚眨掉。「我們他媽的去點酒吧。」

32
奧克蘭
二〇一一年四月，三十歲

被搶一週年就這樣過了，因為我有一件怪事要做，就是挑選新的名字。我用第三人稱描述自己的生活，而且往往是倒敘。在變性過程中，有時試試不同的新身分感覺比較妥當，因此我是詹姆士和亞當，奧利佛和保羅。**詹姆士正要去雜貨店、亞當拿了幾個箱子、奧利佛打包臥房裡的書、保羅打電話給搬家公司。**

帕珂選亞當，但我覺得亞當很陌生，沒感應。「世上第一個男人的名字，妳確定？」我說，因為我不知道怎麼辦，只好開玩笑。

這決定來得太快，但動者恆動。至少帕珂感覺沒那麼焦慮了，非常興奮我們要搬去的地方天氣夠熱，夏天能吃冰棒，能穿短褲不必擔心濃霧。她想要可以游泳的海，想要一個令人感覺安靜、一個可預測的地方。

而我只想離開，不斷前進，找到方法轉換目的地。我感覺皮膚發癢、不合身，名字從嘴裡講出來不對勁。我不曉得自己是誰，只知道自己不是誰。如果我自己都覺得我很陌生，其他人也會覺得我很陌生。

於是我和帕珂飛去普洛敦維士，旋風造訪一陣之後簽了合約，租下一間超大的雙臥房公寓，無視於我每回只要想像自己一年內的生活就會有的失重下墜感。我只感覺眼前一片燦白，有如他們說人死前會感受到的背光淡出。

*

負責指導我變性過程的波士頓機構寄來一份待辦事項清單：體檢、治療師信函和簽署幾份同意文件。雖然好像沒完沒了，但感覺並不難。

我寫信給我媽問她誰才是我父親，幾個月了她還是沒有回信。我胸口有一個洞，儘管我努力不去理會，卻還是很憂心。我之後就再也沒跟她聯絡了。感覺很必要：大自然有真空，敘事也是，但擺脫了不再適合我的故事讓我感覺到自由。

當我需要我母親的時候，她本能想要接管一切，包括用泡泡般的潦草筆跡詳細記錄羅伊做了什麼，甚至覺得自己會殺了他。這些對童年的我是很大的安慰。但我若想成為自己的男人，故事就不能由她翻譯，必須道道地地是我的故事。

我不曉得她會怎麼看湯馬斯，但我一選定這個名字，就覺得它屬於我。我蒐集了不少證據：湯馬斯有「雙生」的意思，湯馬斯會讓人聯想到眼鏡和鬍髭，湯馬斯和我一拍即合，再也無法分割：**湯馬斯目前不在，但很快就會回來**。

湯馬斯也是我已故舅舅的名字。家族裡和我相像的只有他。他敏感，是藝術家，和他粗聲粗氣、科學性格的兄弟姊妹不一樣。我兩三歲時他就因癌症過世了，死時才二十多歲，不比我現在小多少。媽媽非常愛他，她對異類和醜小鴨總是呵護有加。我知道自己想以他為名的原因之一，就是讓自己跟我確定隸屬的血緣連在一起。

湯馬斯是個和解的名字。湯馬斯將我和過去繫在一起，包括難受的部分。湯馬斯不會忘記自己來自何處；湯馬斯會是自己的雙生。

「我叫湯馬斯，」我在花園裡找到正在摘草莓的帕珂，這樣對她說。

「湯馬斯。」她說，從她嘴裡講出來感覺好怪。

後來她跟我說她在練習，就像鍛鍊肌肉，必須先破才能立。我沒有注射荷爾蒙，聲音還是一樣，身體也沒變，但她已經覺得我是陌生人了：**那是湯馬斯，我老伴。湯馬斯在工作。湯馬斯喜歡森林、咖啡裡加兩顆糖，還有我。**

33
奧克蘭
二〇一一年五月，三十歲

「我想就這樣了，」帕珂說，語氣不怎麼難過。公寓房裡空無一物，只有我們的充氣床墊、一些衣服、碗盤和一台電視。我覺得有些淒涼，但帕珂似乎如釋重負。

我也很高興能走。從起先的電郵轟炸（主旨：天大的改變），再到電話往來、喝酒和跌跌撞撞地變成「他」，我已經厭倦了所有互動都滲入了些許不自在，所有朋友都怕搞錯我的新名字，所有因為脫口而出的「她」而產生的驚惶。

我等候我母親，那感覺就像皮條糖，不算是緊繃，也不是希望。我寄了一份很老套的小冊子給她：**當你所愛的人是跨性別者**。

我環顧空蕩蕩的公寓，感覺生活前所未有地不確定。帕珂一定也有同感，因為她起身開了窗。「裡頭真令人喪氣，」她說著讓陽光透了進來。

「湯馬斯，」她練習喊我的新名字。我可以聽出她話音起伏間的不自在，但是她隨即修正自己：「湯馬。」只有她這樣叫我，聲音聽起來自在了一些。「我很喜歡花園、這裡的空間、吊床、夏天，還有海灘可以游泳。」

輪到我了，但驚惶在我胸口狂跳著。「我很興奮有新的開始，」我勉強擠出一句。

「沒有新的開始，」帕珂說，語氣裡透著失望。

「對不起，」我說：「我只是不曉得自己會變成什麼模樣，感覺有點可怕。」

「我知道。」

雖然公寓空空蕩蕩，我還是覺得幽閉恐怖。「好吧，」我試著讓自己專心。身體就是身體，只是會演化，我只要讓它破繭而出就好。「或許沒有新開始，但我想對任何人來說，這是最接近新開始的東西了，」最後我總算說了出來。「我很期待當我看起來像自己之後，能發現自己是誰。」

「你可能還是你，只是更豐富了。」

我知道我和她都把賭注押在這點上。

*

「我們真的要開車去找羅伊？」帕珂氣沖沖說。我們幾天後就要出發，這會兒正坐在住處街上那家酒吧裡吃漢堡。帕珂一如往常偷了我的醃黃瓜吃。

「妳如果想對我發飆，就不能吃我盤子裡的食物。」

帕珂嘆口氣說：「我沒生氣，只是不希望這趟旅程最後只剩下你爸對你做了什麼狗屁倒灶的事。」

「帕珂，別說了。」

「對不起，但我的擔憂很合理。」

「我不在乎他做了什麼，那不是重點，」我喃喃回答，心裡曉得如果她問我那重點是什麼，我也不知道該如何描述。

她也知道。

「妳不用跟我一起去，」我將大薯條沾了番茄醬。「妳可以跟艾力克斯待在波特蘭，我再回來接妳。」

「我不想讓你一個人去，」她說。

「沒關係的，」這是真的。

「你去見他的時候會是湯馬斯嗎？還是不是？」她問。

我胃裡一緊，用餐巾紙擦了擦臉說：「我感覺自己必須解凍。」我沒有跟任何人說過僵住的事，因此仔細看著她，想看她懂不懂。帕珂點點頭。「所以我心裡有一塊地方覺得自己應該以佩吉的身分去找他，這樣未來就沒有理由跟自己說我之所以能存在，是因為我不是那個受傷的小孩。」

「你永遠會是那個小孩，」帕珂說，語氣沒有惡意。「變性也不會改變這一點。」

「我知道，」我告訴帕珂，但不確定自己是否真的明白。我心裡仍然還有一小塊地方希望自己是正常的，希望重生。但我體內有一個害怕男人的孩子，我希望他見到我們能融合成一個存在，我可以同時是所有的我。

「我不曉得自己想不想跟他談變性的事，」我說，因為這也是事實。「我希望他面對我現在的樣子，那個他傷害的孩子長大的模樣。我覺得這很重要。」我感覺自己臉頰發燙。

「好吧，」帕珂說。「湯馬，」她又練習一遍。「如果要做這件事，我不希望我們的橫越東西岸之旅變成都在談他講了哪些爛話，好嗎？我很期待離開這裡，去見識美國其他地方，在我們不會擔心受怕的地方跟你共度時光——」她比手畫腳說著，我知道她講的是哈金斯、引擎逆火的機車和無法確保我們安全的那輛車。

「我懂，很有道理。」

「你真的懂嗎？」她看我一眼。「我是認真的。」

「我明白，」我用表情做出承諾。「就算他是混球我也不在乎。我不害怕，只是必須徹底了結這件事。」

「你知道，重點不在你不講道理，而是我有多想跟你去。」

「那妳有多想跟我去？」

「我還沒決定，」她用不是開玩笑的玩笑語氣說。「我現在沒辦法一次處理一件以上的事。」她喝了一大口啤酒。「我們可以去做，但事情如果和你希望的不一樣，我就無法幫你扭轉。」

「我可以照顧好自己，帕珂。」

「我們都可以照顧好自己。」她應和道。

「相信我，」我說完看著她背後牆上掛著的黑白老相片，裡頭的拳手鬍鬚抹蠟，擺出揮拳的姿勢。我想到麥克，想到我終於有了胸肌，還有核心肌群的重要。

「我有一天也會變成那樣，」我指著其中一名嘴唇帶傷、身材精瘦的黑髮拳手說道。但我不清楚父親的基因藍圖，自然不曉得自己會變成怎樣。「巨大的未知，」我喃喃自語，但帕珂似乎明白我在說什麼。

「你會變得很英俊，」帕珂說。這時，藍草樂隊開始演奏，我們在變暗的酒吧裡啜飲啤酒，直到我們之間重新建立了均衡。我們一路散步回家，經過許多年前我們剛搬來此處時看過的那些公寓。滿月高掛，我們倆像是約好了似的完全沉默，距離大得足以容下未知的一切。

*

北上奧勒岡的倒數前幾天，媽媽打電話來了。我經過百老匯的墨西哥餐車前，讓電話轉到語音信箱，繼續走路回家。這天是我最後一天上班。朗尼後來就再也沒回來了，雖然他在東奧克蘭一個換機油的地方找到工作後又被炒了魷魚，但他發簡訊來說自己一切都好，正打算南下阿拉巴馬州，說服孩子的母親改變心意。我沒有勸退他，只是告訴他應該做自己感覺正確的事。「你知道自己應該做什麼。」我這樣寫道，因為我希望自己十九歲時也有人這樣跟我說。

金核，我心想。也許早在我預備好理解它是什麼之前，就已經聽過它了。

我閃進一家汽車美容店的服務用門裡，撥了語音信箱的號碼。「喔，親愛的，」我媽說道：「我收到你的信了，」她哭過了，我可以從她沙啞的嗓音聽出來。「不論你做什麼，我當然永遠愛你。」

她還說了別的，但我聽不見。天氣和暖，我坐在離家五千公里的人行道邊上，在聆聽留言的瞬間，我發現自己其實已經做好了放棄我媽的準備，還有雖然她有時會讓自己的故事遮蔽我的現實，但我深深感謝她這個人。

「我正在寫信給你，內容是關於羅伊的，」她說：「我會把一切都交代清楚。」

我想到臍帶，想到好久以前那個冬日，她告訴我另外一個故事，一個她需要它為真的故事，而我知道為什麼。如果羅伊不是我父親，那他跟我唯一的連結就是她。她覺得錯在自己。

我考慮良久才決定變性，因為我懷疑自己。但哈金斯會放下槍是因為這個聲音、這副身體。聽起來很怪，但我怎麼能不這樣想？或許，羅伊留下的疤痕和這些疤痕挾持我的方式，正好救了我一命。

34 在路上

二〇一一年五月，三十歲

車後座塞滿了我們的東西，加上前座前推，害帕珂的膝蓋一直撞到手套箱。藍調歌手佛瑞·路易斯嘶吼著愉悅的傷悲，山脈上的冷杉有如皇冠。我們往北上山，進入寒冷的山中小鎮，鎮裡全是捕魚人和世世代代的樵夫、皮卡車、獵槍、清澈的河川溪流與大麻田。

「你打算說什麼？」帕珂坐在前座搖下車窗問道。我們繞著岩山而行，俯瞰綿延柔綠的森林。

「我想我會直接問他覺得我爸是誰，」我刻意講得斬釘截鐵，其實心裡除了見他根本沒有多想。見他就是目的。「我和他又不是要對幹一場。」

「要我就會想殺了他，」帕珂說，聲音輕得差點從我耳邊溜過。

「喔，我不會，至少現在。我想面對他。我只是需要把他當人看，而不是怪物。」

「萬一他看起來是呢？」帕珂坐直身子問：「我是說怪物。」

「那我想我怎麼看他就取決於我了。」

「感覺好耶穌，」她取笑道。

「我很憤怒，」我回答，雖然我的憤怒感覺濛濛的。「只是我更在乎的是前進。憤怒有時會讓人錯失關鍵。」

「什麼意思？」

「就像哈金斯或郝斯利——我見過他們，他們就是兩個搞砸的人，妳知道嗎？但要是我很生氣或害怕，就看不到這一點，那些人就會在我心裡占去太多空間。然而，只要我把他們看成人，對我就不是威脅了。」

「那些人是誰？」

「我想就是他們所有人：哈金斯、郝斯利、我媽和羅伊。」

「你和他完全相反，」她認真說道。

「我曉得。」

「你不曉得。」

「好吧，我不曉得。但我認為有東西讓他爛掉了，某樣可怕的東西，可能跟發生在我身上的事情一樣，所以我無法那樣思考善惡。」

「因為占據太多空間？」

「沒錯。」我們望著老鷹從擋風玻璃前翱翔而過，姿態凌厲又優雅。「但我相信面對自己恐懼的事物，往往能確保自己不會變成它。」

帕珂點點頭，我知道她明白我的意思，但不完全贊同。

我真希望自己能像兒時那樣躺在森林裡。空氣清洌，靴子上的泥巴生機盎然。我將手放在胸口的痛處，感覺那奇異的震動。

我們更往山裡開，帕珂將音樂調大聲，最後睡著了，腦袋晃呀晃的，直到我輕輕扶著她的腦門靠在頭靠上，她才睡穩。我喜歡她睡著時的恬靜模樣。我望著最後一絲陽光從天空消失，心裡想著羅伊，想著我到底想從他那裡得到什麼。

我發現沒有，去那裡其實跟他一點關係都沒有。

回到平地之後，帕珂醒了。「到哪裡了？」她睡眼惺忪地說。

放眼四周，一望無際的牛群靜靜閒晃，感覺就像要去斯克蘭頓的我祖父母家，去探訪那些小田地與農莊。

「快到了，但也可以是任何地方，對吧？」

「我們選了這裡，」她說著又閉上眼睛。她說的對。

35

本德市，奧勒岡

二〇一一年五月，三十歲

「祝你好運。」離開時，帕珂對我說。我們下榻於一間一九七〇年代滑雪小屋改建的汽車旅館。關門前，我回頭看了她一眼，發現她坐在黃綠色的床罩上盯著自然影片，好像我已經出門似的。

「你沒問題的。」她在我身後喊道。

駛出停車場時，我經過一群少棒選手。他們在停著的車輛之間瘋狂繞圈子，年紀不會超過十二歲。我在他們前青春期的瘦長身子、躁動的活力和渴望出名的衝動裡見到了自己的影子。

我看見他們的需要、鞋帶鬆了的釘鞋和骯髒的白褲子，以及所有可能降臨在他們身上的恐怖事情。怒火在我體內燃燒，玷污了暮靄下他們的身影。我大可以約羅伊在這個愚蠢小鎮上的一間白爛茶舖裡見面，狠狠賞他嘴巴一拳，帶著獎盃般印有齒痕的瘀青手指離開，沒有人會說我什麼。

怎樣才算男人？對許多人來說，男人就是咬牙惡鬥。我看過太多電影，知道解決問題最好的方法就是打一架或喝啤酒。就算羅伊不懂得叫我湯馬斯，看不見我體內的男人，我也能說他的語言。

天黑得很快。我打開收音機，交由自己的心決定，沒去管它，腦中反倒想起了帕珂，感覺她竟然和我們奧克蘭住處溫暖的硬木地板一樣，成了微弱的回憶。

我駛進路邊連鎖餐廳區的停車場，將車停好引擎開著。我可以感覺自己的腿像奧克蘭那晚一樣亢奮，體內的化學物質釋放出一股更勝於只是存活的渴望，無法像發條玩偶那樣熬過每一刻，無法做自己的摹本。

我揍不了羅伊，也不會揍他。憤怒如盔甲從我身上滑落，直到最後只剩我一直掩蓋著的故事。那故事呼嘯穿過我，穿過我第一次破碎的心：不論如何，他都是我唯一的父親。

儀表板上的時鐘跳到了八點。男人之為男人不在於他不是誰，而在於沒人看著的時候他是誰。我不需要父親教我這一點，只需要打開車門親眼見識。

＊

離我們約好的茶舖還有一條街，我就看見一名男子的模糊背影。白髮禿頭、卡其褲鬆垮，憑著動物般的直覺，我敢說那就是我爸。

我學會將他想成羅伊。我訓練自己將他的名字烙在心底，就像我對自己的名字那樣，但那副身軀，那下垂的肩膀、鬆垮的皮膚和垂死獵物一般的受傷姿態，那就是我爸。爸這個字令人心痛，有如曲棍球餅打在我胸口殘破的網上。

他在茶舖外徘徊，瞄了瞄店裡又回到街上的模樣，讓我心頭一動。我看得出來他雖然不曉得我為何找他，卻還是來赴約，這樣做其實很勇敢。不到拿獎牌的地步，但很有氣度。我離他只有幾公尺，但他沒發現我。穿著外套的他感覺很矮小，和普通人一樣平凡，拉鍊拉得很高抵禦風寒。

他轉身準備走進茶舖，我急忙趕了上去，看著他長滿老人斑的禿頂，抓住他下意識替接著進來的人扶著的店門。

「羅伊，」我喊道，發現他身體一僵，隨即轉身咧嘴微笑，朝我伸出手來。

「嗨，佩吉，」他有些遲疑地說。我的舊名字從他嘴裡說出來，感覺很熟悉。我想到雙生子，心想：今晚，就只有今晚，我可以成為自己的所有化身。

我握著他的手。他手指肥短，長著老人斑，如絲一般柔軟。這是我們二十年來頭一回觸碰對方。

*

「呃，你希望我從哪裡說起？」他突然大聲說道。我感覺他那面紙般的新皮膚很令人分心。我們坐在吧台的高腳凳上，他手抖得厲害，害我擔心他會不會把熱水灑到我們身上。

忽然間，我見到他年輕時的頭，閃閃發亮，仰視我的眼裡帶著晦暗的期待，彷彿在說他能對我的身體予取予求。此刻，他那圈銀色的光環鎮住了我，讓我感覺自己回到了所有我曾經被迫離開的電影院，只因為旁邊坐了一個有著類似光環的男人，讓我落荒而逃。

別走。我朝手裡的薄荷茶吹氣，看茶的表面因我吹氣而後退。牆上掛著難看的咖啡館水彩畫，我打量那水花飛濺的河流和冷杉風景，彷彿它們能帶我回到自己。

帕珂想知道我為什麼來，而我無法告訴她，但我很清楚自己來是為了告別，不只是向羅伊告別，也向那個我因他而成為的人，那個我允許它把持我、在時間中固著的身體告別。

「做了親子鑑定後，我只想再多知道一點，」我說完等他回應，等待他輕快的口音，以及回憶與我眼前這個男人的巨大撞擊。

「好吧，」他靠回椅背說：「那我就從頭講起，如何？」他雙手捧著那一大杯綠茶，感覺既像小孩，又像年紀很大的老人。

我等他往下說，但既不驚惶，也不憤怒或麻木，而是清明、自得而臨在。不論他知不知道，我都是湯馬斯．佩吉．麥克比，我的所有部分都安穩妥當。

我點頭示意他開始，想像故事有如機器喀嚓一聲開始轉動。

「一九七九年，」他說：「我在北卡羅來納的希科里市找到一份工作，和你媽媽成了同事。我當時還是已婚狀態，跟我的第一任妻子安恩，但我們的婚姻出了問題，所以沒住在一起。你媽和里克則是分居了。」

我試著抄筆記，讓手有事可做，但桌子很搖晃，害我寫得歪歪扭扭，很神經質。我想像自己叫他暫停，在不穩的桌腳下塞一兩個糖包，兩人——父親和兒子——為了同一個目標合作。我感覺自己臉紅了。

「可是，你媽有點在勾引我，」他說完用手摀嘴咳了一聲。

「拜託，」我說。我可以感覺自己額頭冒出青筋，雙手狠狠握拳。「這什麼鬼？」

他縮了一下，開始玩弄湯匙，噹啷噹啷有如進站的火車。

「聽著，」我咬牙說，專心想著自己的腳、金屬凳的鉤子和我手裡的熱茶。

「我只想知道關於我的事，」我刻意語帶警告。生氣感覺很好，彷彿通了電的籬笆電力四竄。

隔桌一群少年不時放聲嬉笑。我之前看著他們進來：邊緣骯髒的教科書擺在沾了污漬的桌上幾乎沒碰，滿是咬痕的鉛筆棲在他們耳朵上，有如冬眠一般。

「好吧，」他雙手一揚，看上去一臉受傷，像是會被吹走一樣。他眼睛是土黃帶棕的巧克力色，我知道他很討厭那個顏色，總說那是「大便色」，但此刻他眼裡帶著傷，向來如此。「好吧，所以我們一九八〇年在一起，兩個月後她跟我說她懷孕了，而我想當爸爸，」他語氣平平地說。「事實上，這就是我上一段婚姻破裂的原因。我前妻說她想要孩子，卻想盡辦法不要孩子。」

這些話有如屍體躺在我們之間。我沒有開口。我不是會摧毀比我弱小之物的那種人。

就在這時，我知道自己會沒事的。

「我那時對你媽是認真的，但我覺得她不是真的相信我。」他沉默片刻，接著又說：「我那時很愛她。」他說話的樣子好像我可能會不相信似的。「現在還是。」

「我知道，」我說，腦中浮現他們牽著手在玄關竊竊私語的景象。從那之後，我一直不是太認真地捍衛自己破碎的領土，始終等著被迫做出一個比要不要送他進監牢更糟的決定：要是他回來了，我該去哪裡？

但我不必這樣做，因為媽媽沒跟羅伊或其他人再婚，甚至再也沒和男人約會。她懷著遺憾與歉疚，帶著屬於她自己的僵住，宛如修女一般住在集合住宅裡。

羅伊一臉哀求望著我。我想起他的鱷魚眼淚。或許他的淚水是真心的，但我始終無法決定。

我更仔細看了看鄰桌的小伙子。他們年輕、健康、滿臉青春痘，其中幾個肯定藏住了手腕的割傷、背包裡的毒品和無可理解的祕密。羅伊攪著茶，指關節腫腫的。我忽然和在奧克蘭法庭裡一樣，對他們所有人充滿了柔情。

「我是個善妒的男人，」他坦承道。「要我再往下說嗎？」

我目光從那群高中生身上移開，心想**他們根本不曉得自己已經知道多少事情**。

「嗯，」我說：「統統告訴我吧。」

*

「所以我們開始交往，而她懷孕了，但我們不能告訴其他人這件事，因為雖然我們倆當時都和另一半分居，但公司嚴令禁止辦公室戀情，所以你媽就出了個主意。」

「什麼主意？」

「這個主意聽起來很怪，但你一生下來，你媽就和里克講好條件，其中包括假裝你是里克的孩子。」

我點點頭，不知該如何反應。

「我們那時很認真交往，」他說。我還在想該說什麼，他突然抬高八度音說：「我們每個週末都約會。」

「嗯，」我說，替他感到難堪。「好。」

「里克知道你不是他的孩子，生物學上不可能。他會接受和你媽這樣的安排有他自己的理由，但後來情況有點失去控制。你兩三歲時，甚至認為他就是你父親。」

「那會很困擾你嗎？」我不曉得自己為什麼問，但我還沒來得及多想就脫口而出了。我的虛構人生忽然攤開在我倆面前。

「你媽當時還不確定我倆的關係，不曉得我會不會和她走下去，而她不希望你沒有爸爸，」他喃喃說道，彷彿正在引述一段連自己都不再相信的說詞。

我等他往下說。他抬頭看我，肯定明白我的意思。

他低頭望著雙手。「那當然很困擾我。」

我無法判斷他說的是不是實話，但我好想相信他。

「總之，」他說：「就像我說的，我沒有和你媽分手。於是她有一天告訴里克，說她再也無法假裝他是你父親了。」

「就這樣？」

「呃，差不多，但我想他應該有點難以接受，因為他打官司要求探視權，」

他看起來很生氣，甚至有敵意。

我發現羅伊或許真的愛過我。他會來赴約，或許因為在他心底也有一份悲傷。我輕吹熱茶，看著杯裡的波紋，想像它們將我對自己說過的所有故事帶走。有些謎團永遠不會解開，他顯然是其中之一。

*

「所以，」他繼續大聲說：「因為訴訟的關係，里克必須做親子鑑定，結果不出意料是陰性。我實在不曉得他為何要那樣做，只是害我們所有人都花了一大筆錢，」他搖頭說：「你媽也要我做鑑定，我想可能是為了讓我心安吧。」

「我還記得結果送來的時候，她哭得傷心欲絕，說『我有件事要告訴你』，」他望著手裡的茶，好像它會替他把故事說完似的。「那是我人生中最糟糕的一天。」

我賞他一個「你他媽開什麼玩笑」的表情，一手緊緊捏著杯子，感覺杯子下一秒就要碎了。

「人生中最糟糕的一天？」我問道，心裡想起帕珂的聲音：**人生中最棒的一天**？我們說給自己聽的故事有時會是傷人的武器。羅伊沒有看我，也沒有回答。

「你知道誰是我父親嗎？」我問。

「我也很想知道，」他說：「你有權利知道，真的。我可以跟你說你媽是怎麼說的。她開會時遇到一個男的，兩人發生一夜情。也許真的是那樣。」

他在高腳凳上吱嘎動了動。我想到他之前的身體，想到它被困在這副衰老破敗的軀殼裡頭。我依然看得見他手臂裡的肌肉和前額的光滑皮膚。

「我希望能確定，」我說，避開他的目光。

「你有權有父親，我真的這樣認為。」

我眼皮抽搐。「我知道，」我說。這是我最私密的真相，而且說也奇怪，他比任何人更清楚這件事。

店員關掉音樂，收走我們的杯子，於是我吃力穿上外套。「好了，」我對著空氣說。

「慢點，」他吸口氣說。我看得出他已經下定決心，而我來不及阻止了。

「我有件事要告訴你。」

我不想讓他開口，因為我沒準備，就這麼簡單。後來我在紐約普洛敦維士開始找教練學拳擊，又經歷到同樣的感受。你有時揮出漂亮的上勾拳，結果另一個傢伙不但輕鬆閃過，還趁你失去平衡時還你一記完美的勾拳。

「對不起對你做了那些事，」這句話聽起來很做作，一如多年以前。「你不應該受到那樣的對待。」我知道我這回可以決定他的話是真是假，每一刻都是一個決定，都是你說給自己聽的故事。

「嗯。」

「我每天都活在恥辱中。」

我和他四目相望。我感覺精疲力竭，彷彿剛才那一個小時都倚著繩欄伺機攻擊，而他忽然回過神來，直直賞我一拳。

「呃，」我盡力了，但就是過不去，就是說不出「我相信你」。

「求你原諒可能強人所難——」

「的確，」我說，試著振作起來。

他抬頭看我，眼眶似乎濕了，又或許是我這麼希望。

「我不知道怎樣才叫原諒，」我說：「但有一件事應該讓你知道，就是我沒事，過得很快樂。」我話剛出口，就明白自己沒有說謊。

這世界既惡毒又美好，某方面來說沒有道理可言，卻仍阻止不了我們的渴求，將一切說成一個故事。

「你可能不曉得自己為什麼那樣做，」我說，但聽起來像是質問。

我看得出他在斟酌該說多少，但他如何回答不是重點。我才是關鍵。我是拒絕讓別人成為怪物的那種人。我發覺我很喜歡自己成為的樣子。自從四月那一晚，我發現背上抵著一把槍，我就在追逐這樣的感受。我可以跑過時間，讓身體傳達自己，我可以信賴身體的直覺。我可以認識我自己。

「好吧，」他決定了。「我想可能跟酗酒有關。我那時喝得很兇，因為我和你媽之間的事情讓我壓力非常大。」

我眼前閃過一杯杯的螺絲起子：車子裡、晚餐時、耶誕節早晨、下班後。然而他不是酒鬼，至少不到無可救藥的程度。或許他是那種永遠將過錯怪給別人的傢伙。我甩掉他剛才的話，要自己專心，等他說實話。

「還有，我沒被猥褻過，不算真的有，」他聲音輕得我幾乎聽不見。氣若游絲，又細又尖，前後差別之大令人擔憂。我一時以為他在跟自己說話。「但我小時候在農場上見過一些小孩不該看到的東西。」

我望著他臉頰泛紅，臉色比我蒼白許多。我心裡愣愣想著，我猜對了。

「我知道你很喜歡約翰伯伯，但他不是個好人。」

我的心跳在耳朵裡轟隆作響。「怎麼說？」

「我們小時候經常跟農場上的堂兄弟姊妹玩在一起，」他抽了口氣，讓聲音變得紮實一些。「我清楚記得自己四歲、約翰九歲的時候，看過三個堂哥當著我們的面和一個堂姊發生關係。這種事稀鬆平常，所有人都這樣做，有時連兄妹也是。」

「哇，」我驚呼道。我可以聽見大學生在茶鋪後頭洗碗和打破盤子的聲音。

「那約翰伯伯為什麼是壞人？」我問他，不確定自己真的想知道。我想到我母親，想到她自責沒有一開始就不讓羅伊靠近。我很想告訴她，這種事沒有金屬探測器。那些做出罪大惡極之事的人就跟好人一樣，都是我們的一份子。

「約翰也有做，」他說著撇開目光。「他也有參與。」

約翰只比羅伊大幾歲，應該也是受害者，但我無須指出這點，而是想起他家族的其他祕密、他的羅伊叔叔和他不想說的故事。每個人都有權擁有自己的真相，擁有緘默的尊嚴，就算那些想偷走你的真相與尊嚴的人也不例外。

「呃，很遺憾你遇到那些事，」我說。

他感覺出了神，我不確定他有聽見我說話。「你知道，」他說：「你媽媽問我有沒有被猥褻過，我說沒有，這是實話，但我想那些事同樣算是虐待。」

他看著我的眼睛，我忽然明白他是在提問。他可能從來沒問過其他人這個問題，可能這輩子一直將它壓在心底。此刻，他終於在我面前袒胸露懷了。這時要捅他一刀易如反掌。

「當然，」我說：「那當然是虐待。」

「嗯，」他說：「我想也是。」

我想他不會再往下說了。「不論如何，你都不應該被我這樣對待。」我這時才意識到他一直說「應該」這兩個字。我很想跟他說，他也不應該被這樣對待，但他必須自己明白這一點。

「你要知道，我之前和之後都沒再那樣做了。我變成了更好的人。我非常努力讓自己改變。」

「羅伊，」他看上去以為我要揍他。「我從以前到現在一直只希望你能在這世上做些好事，我是說真的。別讓你的人生都被這件事占據了。」

「喔，」他一臉困惑。「比如呢？」

我努力掩藏心裡的喪氣。我沒想到他會不明白我的意思。「就是，你知道，找一件你在乎的事，然後好好去做。」

「好，」他說：「也許你可以給我一些建議，用電郵之類的寫給我？」

我用力閉上眼睛，然後睜開。「嗯，也許吧，」最後我說：「我該走了。」

「明天有很長的路要開，」他接口道，我讓他假裝理由確實是如此。我們推開茶舖的玻璃門，走進沁涼的夜色中，在角落站了一會兒。

「好好照顧自己，」他和我握手道。

「做點好事，」我甩甩鑰匙，接著我們在比過去和善的僵住裡沉默片刻。我發現這樣的時刻也是有機的。時間不是時刻相等，回憶會拉長某些片段，遺忘其他的。我的心想記住此刻，他或許也是。

「掰了，羅伊，」最後我打破沉默。

「嘿，」他喊住我，「找時間寫信給我，好嗎？」

不可能，我心想。

「或許吧。」我說。

他聽了咧嘴微笑，開心朝我揮手道別。我看著他遁入夜霧之中，心想歸根結柢，允許他擁有這樣的時刻就是一種原諒。

36 本德市，奧勒岡

二〇一一年六月，三十歲

我醒來聽見那群少棒選手在汽車旅館房間外頭瘋狂轉著圈子，有如一群吱吱喳喳的鳥迎接清晨。**我活著**！他們來來回回啁啾喊著，**我活著**！

帕珂轉頭看我。她身上飄著大海、潮濕的馬路味和熟悉的晨間口臭。我心想開始注射睪固酮之後自己會是什麼味道？她會不會覺得我不再香甜，而是更有麝香味？

「感覺如何？」帕珂問道。我沒有回答，逕自下床拉開百葉窗，看著屋外男孩們穿著紅色球衣瘋狂鼓譟。

「有點像這樣，」我說。

「是嗎？」

「真是我人生中最棒的一天，」我說。帕珂笑了，但知道我說的是實話。

昨晚她好到極點，既健談又溫柔，聽我告訴她事情經過，沒有給我任何建議，也沒有問我這一切到底怎麼回事，只有等我說完了將我摟到懷中，對我說：「我真為你感到驕傲。」她讓我棲息在空調的輕聲嗡鳴和她胸口的心跳聲中，讓我很快便沉入了提神醒腦的睡眠裡，經歷到他們說小孩常有的那種幸福的無事感，接著便做起夢來。夢裡沒有滿身大汗的父親從床腳邊冒出來。

我們將行李放上車，開到鎮上，在我和羅伊見面的地方附近買了兩大杯冰咖啡。陽光明朗，熱辣辣照在我皮膚上，暫時驅走了螫人的霧氣。

「要出發了嗎？」帕珂手裡拿著糕點問。天還大早，到鹽湖城得開十小時的車。

我們走進我昨晚停車的小巷，經過那間茶舖。那個刺青男依然站在櫃台，正數著一元美鈔。他抬頭看了我們一眼，但我不敢說他認得我。在我昨天看見羅伊的那個角落，幾名打著領帶的男子正在等燈號變綠，好過馬路。

我心想，也許我會去參加他的葬禮。也許我會以全新的男人面貌回到這個鎮上，穿著訂製西裝當一個送父親最後一程的兒子。

「上路囉！」帕珂戴上太陽眼鏡說。這世界如此陌生，我心裡想，而這世界絕大部分也對我們很陌生。但我們卻義無反顧，坐進了掀背車中，讓自己為世界所知。我開始倒車，帕珂研究方向，然後向我報路。

「往東走，年輕人！」她發號施令。咖啡和即將開始的冒險讓她無比亢奮。

「怎樣？」她發現我一臉感傷，便這麼問。

「妳知道的。」我說。

雖然她努力隱藏，我還是發現她嘴角彎出了微笑。於是我繼續待在自己那模糊曖昧的身體裡，當個隱形的男人，駛入車陣之中，朝氣味十足、色彩翠綠的牧牛鄉鎮，紫色的群山、發電廠、玉米田、拖車公園和紅色沙漠駛去，奔向我們狀態統合（united states）的真相。我感覺自己能抓住這一切，感覺自己就是一切。我回家了，我一直在家。

V

男人在世

Man Alive

37 在路上

二〇一一年六月，三十歲

我們一到懷俄明，我的早晨就和南卡之旅的早晨一樣變得宛如夢境，有如儀式。我會穿上素色T恤和藍牛仔褲，在身上噴一圈古龍水，戴上棒球帽把頭壓低，不跟加油站員工、收費站員和酒保多做不必要的交談。

就算帕珂擔心我的安危，她也沒說。我們駛過一個個窮鄉僻壤，總是她一個人去店裡買水或到旅館櫃台辦理入住手續。就算她覺得孤單或不平，也沒表現出來，但她每次坐回車裡，我都能感覺她臉上閃著一絲悲傷與恐懼。她還要當我的翻譯多久？我何時才能成為自己正在變成的男人，不再需要我的伴侶作偽裝？

在我們車上，那到處是咖啡杯的粉紅泡泡裡，我感覺自在與熟悉。我猜得到哪些東西會引起帕珂的驚嘆：佇立在空蕩蕩高速公路中央的羚羊、掛著手寫招牌東拼西湊成的拖車餐館，還有夕陽時分我們轉向科羅拉多時駛過的崎嶇山脈。

但每天早上，我都對著刮痕累累的鏡子為自己換上硬漢面孔，從科林斯堡、林肯鎮到愛荷華市莫不如此，因為這個月十號是我首次注射睪固酮的日子，距離不到一週了。這將是我有生以來頭一回不再「喬裝」男人，而是成為男人。

有時當我焦慮升高，在加油站的單間廁所外洗手時，都會希望成為男人不會感覺很像假裝。我會看著鏡子努力想像自己身為男人。

我可能擁有低沈或沙啞的嗓音，可能禿頭或不會，可能纖瘦或魁梧，毛髮茂盛或長滿粉刺。我對我自己是個謎，但我的身體知道它需要什麼。我的身體在等我。

＊

接連吃了幾天斜眼之後，我只要推開男廁的門，胃裡就是一陣翻攪。我會掃視四周，留意靴子和鬍子，觀察我走向廁所時誰瞄了我。我想起拉勒米市附近的籬笆，馬修・謝巴德被人吊在了那裡。

哈金斯沒有殺我，但別人可能會。每回踏進濕黏的酒吧廁所，我都明白這一點，就像我從很小就知道一個人為什麼想毀掉你，原因一點也不重要。只要你是人，就會受人擺布。被刀抵著很不自在，但你依然可以選擇讓誰支配自己的人生。

「我問你，」我們經過多年前布蘭登・提娜遇害後下葬的小鎮，帕珂說道。「你覺得他為什麼一直住在這個小鎮？他明明可以搬去城市，如果他當初那樣做，或許現在還活著。」

天色漸晚，水氣也散了。之前好幾公里，除了遼闊陰沈的天空和偶爾出現的皮卡車，我們什麼也沒見到。

「也許他喜歡這裡？」

她一臉懷疑看了看四周。

「還是，我不曉得，也許他不想為了做自己而被迫離開，」我說。

帕珂直視前方，我不曉得自己在講什麼：我離開匹茲堡，搬到波士頓和舊金山，現在又要再次脫逃，搬回東岸。我信奉不役於物，不想被我覺得自己應該是誰、人生應該何去何從的執念毀掉。怎樣才算男人？男人是自己塑造的。

帕珂咬著嘴唇，我猜她可能在想自己高中畢業之後如何存錢，在購物中心做鳥工作，好讓自己離開。知道何時離開有時是你唯一擁有的選擇。

「我覺得待在這裡一點意義也沒有，」她果斷地說。

「某方面來說，我覺得那很勇敢，」我真的這樣認為。「就算置身之處很危險，依然忠於自己，站穩自己的腳步。」

「我只是覺得很難過。」最後她說。我們倆沉默下來，彼此都同意沒有人需要以那種方式勇敢。

我可以看見布蘭登，看見他在美國最壯闊的天空下虛弱地數著星星。他很勇敢，因為他懂得我才剛領略的事。重點不在沒有人會傷害你。

重點在不論如何都繼續往前，知道有一部分的自己永遠不會受到傷害。

38 新英格蘭

二〇一一年夏天，三十歲

事情和我想的不一樣：不是我很快就從「女士」變成「老兄」，不是男人們自在拿著瓶裝啤酒找我聊天或殷殷請教我理財之道，也不是他們的老婆會刻意避嫌。

而是我沒想到睪固酮會「放電」，讓我經常處於易怒的邊緣，莫名其妙腿抽筋，鬍鬚長得飛快，還有每做一組引體向上，手臂裡的肌肉量就會暴增。

我沒想到那些針長的可怕，足足有五六公分，沒想到荷爾蒙那麼油膩橙黃，也沒想到自己的生命會因為抽血檢驗和醫療廢棄物回收桶而愈來愈體制化。

我更沒想到自己會發自內心的喜悅，當我伸手按著隆起的胸肌或撩起上衣檢視結實的腹肌中央，心裡由衷歡喜。我沒想到身體重心的改變，也沒想到小腿肌肉會大到貼著褲子。我沒想到自己的生命核心會如此沉靜，明確感覺自己充滿力量，有如湖水一般靜定平和。

我是怎樣的男人？我沒想到這件事會如此難下定論，沒想到這過程是如此汗水淋漓又溫和，也沒想到自己會回覆那麼多次「我很好！」，並且燦爛微笑，只因為我無法解釋那更加複雜的現實：當我在午夜時分月光正巧時走進廚房，在窗子裡直直瞥見自己的身影；當我在更衣室裡感覺自己又回到十幾歲時，只是我現在看到的身體是真正我的身體，不再是想像。但對那些滿嘴啤酒氣、親切友善、靠著大剌剌鬧哄哄討論運動賽事和度假計畫拉近彼此的新英格蘭佬，我卻保持距離。

相對的，男同志感覺得出我的不同，總是在漆黑的酒吧裡看中我，但只會讓我們彼此受挫。

帕珂替我買了人生中第一套刮鬍用具，還用手摩挲我冒出鬍鬚的下巴，但我可以感覺自己愈來愈結實，讓一部分的她感到畏縮。改變來得太快，就像棒球打擊場裡失控的來球。每天晚上我結束報社工作回到家，感覺精疲力竭又亢奮躁動，她都會細數我的毛髮，有如繪製地圖一般，彷彿這樣做就能維持熟悉。

我和她都堅持我們倆並不是重新開始，直到我們明白事實顯然如此。

帕珂躺在沙發上，頂冠裝飾板條和優雅的窗戶，讓我們的新客廳感覺就像從我倆的夢幻生活裡取出來似的。我不停焦慮提問，問了大概有一百萬個問題吧，讓她像見到陌生人一樣看著我：**我為什麼在乎其他男人不擁抱我，為什麼這會讓我卻步？但要是某個女的不想被擁抱，那算是壓迫嗎？**

我很怕。我不想去游泳，不想讓自己依然單薄的胸膛置身於毛茸茸的胸膛之間。

「你變成男人之後，開口閉口都是自己給人的感覺就不一樣了，」帕珂說。她語氣裡的疲憊令我驚惶。

「你不了解那是什麼感覺！」我可以聽見自己這樣咆哮，但我不是那種血管裡激盪著無助憤怒的男人，不是不曉得自己是誰的男人。

我可以感覺自己困在了不對的故事和對的身體裡，而她哭著說我是對的，她錯了。

39 新英格蘭

二〇一一年夏天，三十歲

成為男人感覺光明又振奮，就像一杯濃烈的咖啡，讓人充滿活力與火花。變性是一場身體之舞，和拳擊一樣，感覺殘忍又優雅。

「這是芭蕾舞。」帕珂看我刺拳、閃躲和勾拳，這麼對我說。我如釋重負，自己總算被理解了。

悶熱的仲夏時分，我打針時不小心被針頭劃傷了手。烈紅的鮮血沾滿了指關節，煞是美麗，感覺很粗暴，很像我進公廁蜷縮在我拳頭裡的那股張力，躁動而鮮活，告訴我身體是一座值得保護的城堡。

我有許多朋友是新手媽媽，跟我一樣執著於自己的身體，計算著身體的改變與改變的代價，衡量著體重、新生兒的大腦和他們來到的這個漠然或既定的世界。這些新生兒既恐懼又興奮，還沒準備好就迎來了重重宇宙，和我一樣。

頭幾個月，一切都變得更加鮮明：顏色、我自己的味道、性別失言的衝擊，以及老友沒完沒了給我的甜蜜打氣。他們觀察我，以為我沒在看。我是脫了殼的動物，暴露在我還沒有長出防護罩的世界裡。

我比以前更常打電話給史考特。我弟是我唯一能安心討論青春期的男子，而他最初聽到我變性的反應更抹去了我們之間多年的尷尬，神奇地建立起兄弟之情。想到我在離開舊金山之前跟他碰面，汗涔涔地一起喝著啤酒化解我心底的焦慮，就覺得好笑。我不曉得自己為何覺得他的反應一定很差，可能因為我小時候很迴避他，在他的下巴和精瘦的身材裡見到羅伊的影子。只有史考特知道我對男人的感覺，還有我錯得多麼離譜。

那天他下班直接從矽谷某家達康公司過來，到瓦倫西亞我選的漆黑酒吧裡跟我碰頭。聽我說有重要的事想告訴他，史考特立刻一臉嚴肅。他看上去很成熟，堅強又成人得不可思議。我提到注射、改變和改名，他登時輕鬆得笑了出來。

「好吧，就這樣？」他搖頭說：「我是說，拜託，我從小就覺得你是男人。」

於是我和史考特開始經常打電話，討論肌群、荷爾蒙和他高中打曲棍球的經驗，那種被攻擊欲和化學物質驅動的感覺。他向我保證我一定會找到平衡，要我硬起來，駕馭那些化學物質去做槓鈴、捲腹和棒式，將自己打造得堅強又良善。

「沒有男人像你一樣。」帕珂說。她當然說的沒錯，但她的話讓我想到史考特，想到所有我認識的好男人。

我和帕珂躺在後院冷杉下，我們倆在墨西哥買的吊床上，身體和人生一樣懸在半空。她瞇眼看我，我吻了她長滿雀斑的鼻子，想起我們的蜜月是我用另一個身體度過的。這樣說對也不對。我那時就知道，與這個現實共處會是最困難的事。

沒有男人像我這樣。我是跨性別男，隱形的男人。我必須接受自己無法同時身兼所有的自己，與之和解。

我呼吸著我們的味道、椰子乳液的香氣，揮走我從小就認識的蚊子，但這個世界感覺不同了，傾斜了。

我只能成為我這樣的男人，我別無選擇。

*

「你的聲音！」媽媽喊道，聲音有點喘，但很熱情。「聽起來跟你的伯伯們好像！」

我知道她看見來電顯示，一定是用跑的爬上鋪著地毯的樓梯。也許來電顯示我的名字改了，但誰曉得？老實說，我之所以這麼久才打電話給她，一部分是因為我害怕顯示的人名沒有變，害怕我對她來說永遠不是湯馬斯。

「外婆還好嗎？」我問她。就我上回聽到的消息，外婆以為她要搭船去紐奧良，可以向岸上的朋友揮手告別。想到她們兩個——媽媽這位成年科學家，在失智症照護中心陪自己母親看家人的相片——我就心頭一軟。

「她沒事，在新地方好多了。」

電話那頭一陣感傷的沉默。我知道外婆不是好相處的母親，有時剛烈，很保護兒女，但也很焦躁和疏離。我可以感覺媽媽的悲傷有如我大學住處窗戶上的冰柱凍結著。

「大多數人不會到我這個年紀還父母健在，」她說，彷彿接續一個我們很久以前開始的話題。「算我好運，我今年都六十七歲了，老天。」

「辛苦妳了，媽，」我努力不去想她過世的那一天。不算留言的話，我們已經幾個月沒說話了。自從我二月寫信給她沒有回音，自從我去見了羅伊之後，我們就沒再說過話了。這幾週我們互相試探地寄了幾封簡短的電郵，最後我終於打了電話。

隨著夏季光采日盛，我慢慢察覺自己有多想她。

屋外除草機正答答念著夏日的禱告。我和一隻紅雀隔著廚房窗戶四目相望，直到一群鄰居的孩子尖叫著聽不懂的歡呼，從我家前面跑過，才把牠嚇走了。

「總之，我讀了你那封信，」她改變話題說。我知道她可能正在用手拭淚。她有辦法哭得沒有半點聲音。「所以你想知道什麼？」

我突然一點也不在乎了，但還是堅持下去。要是我現在退縮，就永遠無法找出自己的某個關鍵部分。不是我的身世，不盡然，而是面對身世時我是誰。

「我知道對妳來說可能很不好受，」我說道，她沒有回應。「但我只是想知道故事的全貌。」

「你想知道什麼，我都告訴你，」母親小聲說道。我看著窗戶上自己的倒影。我只在神祕月光模糊了我的時候這樣見過自己，從來不曾在詭異的豔陽下看過。我看到的是不同的景象：粉刺的紅點、額頭上不受控的小綹鬈髮和所有真相。但我依然沒有將頭轉開。

「你要我從哪裡講起？」她問。

「從頭。」我說，心裡想到她的出生或外婆出生，但我知道她是我母親，因此她自然會和往常一樣，從我開始。

＊

「你要知道，我那時只想懷孕，了解嗎？我已經卅六歲了，又在辦離婚，根本不在乎孩子的父親是誰。」

我試著隨口應和，假裝沒聽見胸口震顫的嘶嘶聲，雖然我很希望那聲音消失。我提醒自己，我那些三十多歲的單身女性朋友都跟我講過一樣的事，發誓她們會給孩子加倍的愛，作為補償。

「可是，媽，萬一我想要爸爸呢？」

我可以聽見她沉默裡的震驚。「呃，我當時沒想到這一點，」她回答：「我想我應該考慮到才對。」

「的確，」我告訴她，語調透著一絲冷酷。

「因為我覺得自己找不到可以共度一生的男人了。老實說，我那時有點放棄了，覺得只要把你生下來，當個單親媽媽就好，這是我的打算。我當時應該貫徹執行的。」

從小到大，這是我頭一回覺得不需要安撫她。她想要有什麼感覺是她的事。畢竟這是她的故事，不是我的。

「所以呢？」

「我開始跟羅伊約會，但不是很認真。不久後，我就在開會時遇見吉姆。我們只互動那麼一次。因為我和羅伊那時根本八字還沒一撇，所以感覺沒什麼。」

「後來妳和羅伊正式交往了？」

「沒錯，」她說，再次恢復她的科學家口吻。「所以當我發現自己懷孕了，自然認定你是他的孩子。」

「可是——」這不是她故事的主軸嗎，我差點脫口而出，但這樣說感覺很毒。她已經知道自己的故事從哪裡站不住腳了。

「我沒想到會傷到人，」她喃喃道。看爸媽低聲下氣，感覺就像看動物頻道裡的獅子打架一樣。每回見到落敗的獅子垂頭退開，我都會感到一絲難過。此刻我心裡又閃過同樣的感覺。

「我知道，媽，」我說。

「我只是不斷想到你出生那天，」她說：「醫師替我剖腹生產，在手術台邊將你遞到我面前，你直直望著我，」她出神說道。

我始終不了解想像嬰兒出生是什麼感覺，但我確實明白「從非男人變成男人」的神奇感受。

「妳覺得我看到了什麼？」

「我不知道，」她說：「但你一直看著我。」

我發現自己現在是湯馬斯，但也還是她的皮普。至此我終於卸下重擔，不再被自己的巨大期望拖累。

我眼睛盯著後院，看著吊床左右搖擺，好像上頭躺了幽魂。隔著窗，我看著紅雀離我遠去，隨即出現一隻青鳥——我童年時的鳥列隊而過。

「真希望你的人生不是這樣，」她說。又是這一句。每回美好時光都少不了這個掃興的走調。

「我並不希望，」我說，再次被自己語氣裡的冷酷嚇了一跳。我在自己周圍畫了圈，閃著警告的鋒芒。「媽，每次聽妳這樣說，我就覺得妳錯過了我擁有的人生。」

「我沒有！」她說，接著貼心補了一句：「我很為你驕傲。」

我知道她是。畢竟我的故事裡有她。

「我知道你原諒他了，」她嘆口氣說：「我不曉得你是如何辦到的，我覺得自己永遠做不到。」

她講的不大對，但我沒說什麼。「那是妳的事，我不覺得妳非得原諒他。」

「只是，我愛過他，」她似乎被自己的話嚇了一跳。「現在講來很難相信，但我當時真的愛他。」

「我知道。」

「真的？」

「真的，媽，我當然知道。」

「喔。」

紅雀回來了，在枝葉之間啁啁啾啾跳來跳去。隔壁屋頂上的工人光著上身喝得半醉，大聲放著AC/DC樂團的音樂，不時猛力敲敲打打。

「所以妳多了一個兒子，感覺如何？」

她笑了，我可以感覺她鬆了一口氣。「我沒有被嚇到，」她說：「只要你開心，我就開心。」

的確，她始終如此。

「我想問你一件事，」她說。

「請說。」

「從小到大，」她小心翼翼地問：「你知道我愛你嗎？」

我感覺得到這個問題不只包括我，或許還包括外婆，甚至包括成功之前的所有失敗。

從各方面來說，難道不是她將我帶到現在這般？

我知道她愛著我嗎？

「當然，」我說。我從未懷疑這一點，而她說的對：歸根結柢，這就夠了。

40

新英格蘭

二〇一一年九月，三十歲

「我們必須讓對方改變，」我在後院翻烤火雞肉漢堡排，帕珂這麼對我說。時近夏末，而我們的影子似乎一天比一天短。

「我知道，」其實我不知道，不完全明白。在我試著搞清楚在空間中移動身體的基本技能時，她有了另一番靈感：她也是自己的雙生。

「我覺得我好像一直在等你變回原來的樣子，」她說，我抬頭看她是不是在開玩笑。她沒有看我。

「喔。」

星星還沒出來，但夜晚蟲子很多，而且愈來愈嚴重。帕珂的母親告訴我，帕珂很甜，所以蚊子總是先咬她。雖然這是做母親的會說的話，但的確如此。

「我想我也一樣，」我說著蓋上烤肉爐的蓋子，走到房東的野餐桌邊，在她身旁坐了下來。

「你在等自己回復正常，還是在等我？」

「都有。」

說出來感覺真好；對著陌生的院子，院子裡的吊床與花園，牽著我曾經用感覺不大像我身體的身體認識的女人的手，跟她坦白自己的迷惘，感覺真好。

「妳其實沒辦法計畫任何事，對吧？」我問道：「我是說，妳可以改變故事，但最後還是得等事情發生，才知道會遇到什麼。」

「就像大海，」她說，臉上笑得有點繃。

「我很想念以前的我們。」

「我也是，」她回答。沒完沒了的蟬鳴又開始了。我轉了轉手上的戒指，它的重量和繞著我骨頭的感覺令人心安。「但你也得讓我改變，」她尖聲一笑：「我在轉性。」

「妳在生氣。」

我的腿毛比以前多了。我打量著大腿上覆著的鬈毛，帕珂可能也想著同一件事，手指滑過我小腿上的毛髮森林。

「我很想念你，但也喜歡新的你。你是湯馬斯。」

「我連這代表什麼都還不清楚。」

「你會搞清楚的。」

火雞肉漢堡排吱吱作響，於是我起身翻面，然後坐回原位。我想到媽媽，想到羅伊，想到她是我不像他的原因之一，不論我和他是不是血親。帕珂喝著啤酒，若有所思。她穿著套頭衫，彷彿有預感秋天快來了。

「妳感覺自己被愛著嗎？」我問。

她一臉驚訝看著我，我剎時在她身上看見了所有的帕珂：大學時代和我一起喝得酩酊大醉的女孩，我在奧克蘭搬去和她同住的娃娃臉女人，在舊金山開車送我去動平胸手術，害怕得將車停在路邊嘔吐的女朋友，在門多西諾穿著紫色洋裝倒香檳的伴侶，以及有著明眸大眼和美麗心靈的人。不論她如何化身，那顆心始終如一。跟我一樣。

「什麼意思？」她說著蹲下來逮到一隻吸足了血的蚊子。

「妳感覺自己被愛著嗎？」我又說了一次。帕珂一邊檢查自己的短褲，一邊思考著。

「嗯，我覺得有，」她柔聲說：「你呢？」

我和她抬頭望著我們一起看了七年的星星。這些星星我小學就記住了。北斗七星就在那裡。大學時代，我每天晚上抽完菸回去之前都會看一眼這個星座。感覺就像儀式，又像承諾，證明我還活著。

「我也感覺被愛著，」我說。這是另外一種誓言。它永遠不會打破，和此時此刻一樣無形而真實。

＊

雖然有點寒意，那個週末我們還是不肯屈服，一起去了李子島。帕珂穿著圓點比基尼躺在沙灘上，我穿著T恤坐著瞭望地平線，心裡想著墨西哥。

「怎麼了？」她問道。我搖搖頭。「你今天要游泳嗎？」

「下次吧，」我說，心裡知道下次會是明年了，因為葉子已經開始變色。我看見一對刺青男手拿啤酒在下風處，而我今天不想惹麻煩。我現在看上去還像雌雄同體，有點無可轉譯，不穿上衣矇混不過去。

「隨你，」她說。我不用提醒她圖盧姆那天的事。我很想下海玩水，但不想再次爬著上岸。

帕珂跳起來，將墨鏡放在毯子上，起勁哼著她這種時候會哼的小曲。我看著她在海裡如魚得水，真想起立為她喝采。

我低頭看著自己曬黑的身體，看著新的自己。我的小腿肌肉微微鼓脹，我摸摸它們，彷彿想找回在四十一街狂奔的感覺，但當然不在那裡。我在尋找的是知道該如何做的那部分的我，但這份知識不在某個部位，而是無所不在。

我抬頭剛好瞥見帕珂優雅縱身鑽進浪裡，接著像海豹似的從浪的另一頭冒了出來。

我起身讓微風吹動上衣，有如旗子飄揚。夏日顯然就到今天為止了。

明年我就會是湯馬斯，不再介於幾個我之間。但現在我還是這樣一個男人，胸膛光滑無毛。

我看著帕珂又在海裡鑽了幾回，之後才躺在海上漂浮。我滿腔柔情，心想她雖然總想證明什麼，但心底很清楚何時該放手。

風吹著我的T恤，吹得它時鼓時消，不斷改變我的身形。地平線看上去既有限又無止無盡。它讓我們得以放眼遠眺，既是盡頭也是起點。

我朝帕珂走去，她抬起頭，正好瞥見我脫掉上衣。帶鹽的海風吹得我皮膚刺刺癢癢。我的身體感覺主動、變動而鮮活。

「嘿，」帕珂喊道：「你來了！」

「我來了。」我喊了回去，一邊將上衣高舉過頭涉水前進。雖然沒有她的優雅，卻有我自己的堅毅不屈。我往前跑著，直到海水放慢我的腳步，帕珂和地平線消失不見，直到我眼前只剩堆高的海浪，直到我只能鑽入浪裡。

致謝

非常感謝Michelle Tea及City Lights出版社的Elaine Katzenberger、Chris Carosi和Stacey Lewis，謝謝他們相信這本書，不眠不休一路陪伴我。也很感謝經紀人Chris Tomasino為我努力爭取機會，謝謝她犀利的編輯，並且在我寫書期間一次次協助我專注在最重要的事上。另外，我還要大力感謝她的前助理Emma Larson，她兩年前找上我，率先帶我走上這趟旅程。

感謝舊金山基金會，他們的支持對這個寫作計畫非常關鍵。同時要大力感謝拉達製作中心（RADAR Productions），他們對我的支持多得不可勝數。

要不是《喧囂》雜誌給我機會，讓我撰寫〈自製男子漢〉專欄，我就只會是個名不見經傳的小作家，而不會是現在的我。謝謝Stephen Elliott、Isaac Fitzgerald和Zoe Ruiz，尤其是我的編輯Julie Greicius，她可能比我更了解我自己。

我的藝術夥伴們讓我獲益良多，不僅分享他們的筆記，參加我的朗讀會，邀我朗讀，買酒給我喝，出版和宣傳我的作品，還用真誠善良的心大力鼓勵我：謝謝Michelle Carter、Donna de la Perrière、Alex Dumont、Anisse Gross、Kevin Hobson、Saeed Jones、Katie Liederman、Carrie Leilam Love、Tuck Mayo、Annie Mebane、Toni Mirosevich、Lauren Morelli、Rachel Nelson、Elizabeth Scarboro、Sara Seinberg、Ana Ventura、Danielle Vogel、Ketch Wehr、Eugenia Williamson、Carlin Wing、Kareem Worrell和Heather Woodward. 礙於篇幅，我無法在此列出所有參與這個寫作計畫的人，但我希望你們知道我很感謝你們為我做的一切。

謝謝我的學生們，是他們教會我如何寫作。

我還要特別感謝Emily Carlson。她是出色的詩人，也是我老友中的老友。她對這本書做了許許多多的編輯，讓它光彩奪目。

謝謝Xavier Schipani繪製的美麗封面插圖和他的友誼。

謝謝Jessica McCarthy從第一天就看得一清二楚。妳改變了一切。

感謝我的家人對我身為哥哥、兒子與作家的愛，也感謝他們大方讓我寫到他們的人生，連痛苦的部分也不例外。

最後我要大大感謝Michael Braithwaite，謝謝她始終如一的支持、友誼與無禮，尤其感謝她讓我明白如何當個家人，並教導我當個家人就像大海一樣。她說的真是太對太對了。